다이어트 말고 잘 살고 싶어서

다이어트 말고
잘 살고 싶어서

최재희 지음

이제는 운동으로
사람들의 삶을 바꿔가고자 합니다

생각나눔

프롤로그

운동하는
일반인으로
행복하자

SNS를 보면 너도나도 다 운동 하나씩은 하는 시대인 것 같다. 몸 좋은 사람들, 잘 달리는 사람들, 철인 3종 대회까지 나가는 사람들, 테니스 잘 치는 사람들 등. 어쩌면 누군가에게는 나도 그런 이미지일지도 모르겠다. 언제나 꾸준하게 열심히 운동하고 완벽하게 습관화해서 운동이 힘들기는커녕 오히려 너무 즐겁기만 한 사람. 하지만 언제나 그렇듯이 SNS는 삶 전체가 아닌 일부분만을 보여준다. 아무리 스토리에 일상의 로그들을 많이 올린다고 해도 우리는 누군가의 삶의 모든 순간, 그리고 지나온 과거의 역사까지 다 알 수는 없다. 나도 SNS에서 이미 '운동하는 여자'의 이미지를 가지고 있지만, 실제 나의 운동은 '일반인의 운동'이다. 일반인의 운동은 현실이다. 내 한 몸 건사하기 위해 일단 돈을 버는 게 우선인지라 운동에 투자할 수 있는 시간이 줄어드는 날들도 있다.

예를 들면, 지금이 바로 그런 시기이다. 이 책의 출판을 앞둔 지금, 나는 무려 한 달 넘게 운동을 하지 못했다. 아무리 운동을 꾸준하게 한 사람이라도 운동을 중단하고 활동량이 줄어들면 그 수준만큼 체력도 줄어든다. 물론 나도 예외는 아니다. 큰 힘을 쓸 일도, 오래 움직일 일도 없으니 몸에서는 자연스럽게 필요 없는 근육을 줄여갔다. 식사량이 특별히 늘어나지는 않아서 체중이 늘어나진 않았지만, 사용량이 줄어드니 체지방은 나의 피부 아래 곳곳에 쌓여가는 중이다. 특별히 식단을 하지 않아도 아침 공복마다 보이던 복근은 점점 체지방에 덮여 보이지 않고, 근육 라인이 보이던 나의 어깨는 단단한 근육 대신 지방층이 자리했다. 지난 12월, 갑자기 너무 바빠진 일상 때문에 나는 수면 시간도 평균 6시간을 채울 수 없었다. 그런 일상에서 내가 할 수 있는 최소한의 운동은 그저 출퇴근 길을 활용해 하루 평균 8,000보가량을 걷는 것이었다. 8,000보를 한 번에 걸으려면 1시간에서 1시간 반 정도가 걸리지만, 그런 덩어리 시간을 내기가 어려우니 이렇게라도 몸을 움직이는 것이다. 다이어트가 아닌, 지금의 삶을 최대한 잘 살아내기 위해서 한 선택이었다. 그렇게 한 달가량이 흐르고 새해가 된 지금, 조금씩 여유를 찾으며 다시 천천히 운동을 시작하고 있다. 체지방이 덮여 배가 볼록 나오고, 엉덩이의 탄력도 사라졌지만, 거울 속 내 몸을 보며 옛날에 찍은 바디프로필과 같은 모습으로 돌아가려고 안간힘을 쓰진 않을 거다. 작년 10월 말, 풀코스를 완주했지만 지금 당장 10km 이상 달리기에 도전하지 않을 거다. 스쿼트, 데드리프트 무게도 또 많이 줄었겠지만, 그걸 또 늘리려고 무리하게 무게를 높이지도 않을 거다.

　우리는 운동선수가 아니다. 기왕 운동하는 거 몸도 좋아지고 운동 실력도 쑥쑥 좋아질 만큼 시간을 계속 투자할 수 있다면 참 좋겠지만, 우리 삶에는 그런 것들보다 중요한 것들도 참 많다. 그래서 때로는 삶에서 일어나는 여러 가지 일로 인해 운동을 중단해야 할 때도 많다. 하지만 그래도 괜찮다. 어차피 평생 하는 운동, 꼭 무언가를 이뤄야 할 필요는 없다. 그냥 내 삶을 좀 더 활기차게 만들어 줄 만큼만 한다고 해서, 대단히 도태되는 것도 아니다. 건강이라는 마지노선만 지킨다면 복근 좀 안 보여도, 속도가 느려도, 점수 좀 안 나와도 괜찮다. 우리 그냥 운동하는 일반인으로, 좋아하는 운동을 즐기면서 살아보는 게 어떨까?

저자 최재희

CONTENTS

- 프롤로그　　　　　　　　　　5
- 책을 쓰게 된 계기　　　　　　11

Chapter 1. 체력

- 강철 체력, 체력 만수르의 삶　　　　　14
- 환경은 금수저, 타고난 건 흙수저?　　　24
- 일단 좋은 대학 가야지　　　　　　　　32
- 합법적으로 내 몸을 망쳐도 되는 시기　45
- 운동을 시작하는 데 정답은 없다　　　　56

Chapter 2. 외모

- 누가 뭐라 하든 가장 강력한 동기부여　　74
- 당신의 몸을 '조각'해 드립니다　　　　　83
- 바디프로필, 꼭 안 찍어도 돼　　　　　　103

Chapter 3. 회복 탄력성

- 긴 터널을 견디는 힘　　　　　　　126
- 때로는 무너지더라도　　　　　　　138

Chapter 4. 관계

- 사랑이 뭐길래 · 154
- 인간은 함께 달렸기에 살아남았다 · 168
- 깊은 관계 형성에 필요한 것 · 180

Chapter 5. 성장

- 여자도 강해지고 싶다 · 192
- 인생은 길다 · 208

번외. 의지력이 너무 약해 힘들다면 · 221

책을 쓰게 된 계기

오랜 지인들은 저를 만나면 이런 질문을 많이 해요.
"어떻게 그렇게 운동을 열심히 하게 되었어?"라고요.

사실 어떤 특별한 계기가 있었다기보다는,
그저 저는 삶을 잘 살고 싶었고,
그런 순간마다 운동의 도움을 받은 것 같아요.

우리의 삶이 어려움을 줄 때, 혹은 어떤 문제에 부딪혔을 때
돌파구를 찾는 두 가지 방법이 있는데요,
그건 바로 독서와 운동이에요.
저는 그 중에서 운동을 통해 제 삶의 많은 부분이 바뀌었고,
또 많은 힘을 얻기도 했어요.
그리고 이제는 운동으로 사람들의 삶을 바꿔가고자 합니다.

저의 삶이 운동을 통해 많은 부분이 달라지고 더 행복해진 것처럼,
여러분의 삶도 운동을 통해 더 풍성해지길 바라는 마음을 담아
이 책을 썼습니다.

Chapter 1.
체력

- 강철체력, 체력 만수르의 삶
- 환경은 금수저, 타고난 건 흙수저?
- 일단 좋은 대학 가야지
- 합법적으로 내 몸을 망쳐도 되는 시기
- 운동을 시작하는데 정답은 없다

강철 체력, 체력 만수르의 삶

네가 이루고 싶은 것이 있거든 체력을 먼저 길러라.
평생 해야 할 일이라고 생각되거든 체력을 먼저 길러라
게으름, 나태, 권태, 짜증, 우울, 분노
모두 체력이 버티지 못해 정신이 몸의 지배를 받아 나타나는 증상이다.

- 드라마 「미생」 중

‖ Work hard, Play harder!

해석하자면 '일은 열심히, 노는 건 더 열심히!' 나는 이 말을 참 좋아한다. 그냥 노는 것보다 시험 끝나고 놀 때가 훨씬 좋고, 목표 지점까지 열심히 달린 후에 누리는 자유는 더 달콤하다. 고로, 열심히 일한 후엔 더 열심히 놀아야 한다. 뭐든 간에 다 즐겁고 행복하게 살자고 하는 일 아니겠는가.

퇴사를 앞두었던 지난 6월 초, 당시 나는 첫 취업 후 처음으로 일을 쉬게 되었다. 그리고 나는 저 명언에 맞게 정말 적극적으로 쉬고, 놀았다. 이 황금 같은 시기를 놓칠 수 없어 누구와 일정을 맞추고 할 여유는 없었다. 그렇게 혼자 떠난 제주도 5박 6일 여행. 혼자 여행의 단점은 좋은 것을 함께 공감할 사람이 없다는 것이지만, 또 장점이라면 그냥 내가 하고 싶은 건 내 맘대로 다 할 수 있다는 것이다. 그래서 이때의 제주도 여행은 말 그대로 하고 싶은 건 다 하고 온 여행이었다. 게스트하우스 파티 즐기기, 생애 첫 스쿠버다이빙 체험, 자전거, 서핑, 마라톤, 야외 요가, 크로스핏…. 가져간 운동복만 세 벌에 수영복 두 개, 운동화도 두 켤레다. 나의 여행 계획을 본 동생은 "언니, 여행 간다더니 혹시 선수촌 훈련 가는 거냐"며 놀란다. 서핑 강습도 보통은 2시간 정도 하지만, 나는 성에 차지 않아 3시간짜리를 신청했다. 제주도의 푸른 바다를 거니는 것도 좋지만 내가 좋아하는 달리기를 하며 보고 싶어 하프마라톤을 달리며 온몸으로 제주를 느꼈다. 그리고 그날 저녁은 하프 달리기를 한 내 몸에 제주 바다의 파도 소리가 전해주는 온전한 휴식을 주기 위해, 바닷가에서 진행하는 야외 요가 수업에 참여했다. 자전거 타는 것을 좋아해 많은 명소를 자전거로 가보기도 하고, 반신욕을 좋아해 탄산 온천에서 휴식을 즐기기도 했다.

동생의 눈에는 고생길이 훤해 보이는 여행 일정이지만, 나에겐 '하고 싶은 거 다 하는' 행복한 여행이었다. 여행이 주는 행복은 자유로움에 있지 않은가. 좋아하는 것, 하고 싶은 것을 '마음껏' 할 수 있다는 사실은 그 자체만으로 홀가분함과 자유로움을 느끼게 한다. 아침을 먹고 마음에 드는 카페에 들어가 책을 보다가, 스쿠버다이빙 체험 시간에 맞춰 제주도의 바닷속을 탐험했다가, 다시 씻고 나와서 또 다른 멋진 미술관 같은 느낌의 카페에 또 가고, 저녁 먹고 나서 또 자전거를 타고 4~5km 떨어진 카페에 가서 파도 소리를 들으며 쉬어도, 누가 뭐라 하겠는가? 안 그래도 나는 삶에서도 하고 싶은 일들이 정말 많아 별명도 '하고잽이'로 불렸는데, 이번 여행에서야말로 나는 하고 싶은 모든 것을 하며 제주도를 만끽했다. 하고 싶은 것을 하는 데 있어서 '안 하는 것'은 있어도 '못 하는 것'은 없었다. 물론 여전히 제주도에는 못다 한 것들이 많이 남아있다. 녹차 밭도 가고 싶고, 성산 일출봉 일출도 보러 가고 싶고, 제주도 한라산도 아직 가보지 못했다. 이렇게 무언가를 하고 싶다는 '의욕'은 삶을 살아가는 큰 원동력이 된다. 무언가에 노력과 열정을 쏟을 이유가 되기 때문이다. 그리고 내가 하고 싶은 것들을 '결국 나는 할 것'이라는 확신이 있을 때 더 많은 것들이 하고 싶고, 삶에 있어 더 큰 의욕과 활력을 느낄 수 있다. 그렇다면 이렇게 강한 확신은 어디서 오는 걸까?

‖ 더 행복한 삶을 위해 필요한 것

한때 자기계발 책에 굉장히 꽂혀서 관련 서적을 탐닉한 적이 있다. 과거의 자기계발 서적들은 대부분 작가의 개인적 경험과 삶을 근거로 하는 이야기가 중심이었다면, 요즘의 자기계발 책들은 좀 더 과학적, 심리적인 연구 결과들을 토대로 성공에 필요한 핵심 요소를 전달한다. 물론 사람마다 '성공'에 대한 정의는 다르겠지만, 수많은 자기계발 관련 도서에서 언급하는, 어떤 목표를 이루고자 할 때 공통으로 중요한 요소가 있다. 그것은 바로 '의지력'이다.

이 의지력은 개인의 성격이나 특성이 아닌, '측정 가능한' 요소이며, 같은 사람이어도 상황에 따라 의지력 수준은 달라진다고 한다. 의지력은 달리 말하면 '충동과 본능을 거스르는 힘'이다. 눕고 싶은 충동, 그만두고 싶은 충동, 상대에게 함부로 말하고 싶은 충동, 본인의 분노를 욕설로 표현하고 싶은 충동, 먹고 싶은 충동에 저항하기 위해 우리는 의지력을 발휘해야 한다. 그리고 이러한 의지력은 우리가 흔히 이야기하는 '체력'과 관련이 있다.

세계보건기구 WHO 부국장을 지냈던 후쿠다 게이지 박사는 체력의 요소를 신체적, 정신적 요소로 나누고, 정신적 체력에 대해 '외부의 스트레스에 대해 저항하는 능력'으로 정의했다. 그리고 이러한 신체적, 정신적 체력 요소는 각자 독립된 요소가 아니라 서로 강한 영향을 주고받는다. 예를 들어, 전날 너무 많은 신체 활동으로 인해 혹은 감기에 걸려 몸 상태가 매우 안 좋은 상태로 출근했다고 가정하자. 이때 나에게 예상치 못했던 업무를 준다면? 평소라면 조금 스트레스 받지만 금방 해낼 것이다. 직장 생활을 하다 보면 그럴 수도 있지 않겠나. 하지만 이렇게 몸 상태가 좋지 않을 때는 업무를 능동적으로 해낼 의지력이 부족한 상태다. 아마 안 할 방법이 있다면 굳이 그걸 해서 인정받느니 안 해버리고 싶을지도 모른다.

심리학 교수인 로이 바우마이스터와 캐슬린 보스의 실험을 살펴보면 의지력이 고갈되었을 때 사람들은 모든 일에 대해 더 격한 반응을 나타내는 것을 발견했다. 앞에서 언급한 상황을 다시 예로 들면, 예상치 못한 업무는 물론 평소에도 당황스럽지만, 체력 고갈로 인해 의지력도 고갈된 상태에서는 더욱더 당황스럽게 느끼게 된다. 사람은 누구나 피곤하면 무기력해지고, 평소보다 더 쉽게 짜증이 나고, 이기적인 행동을 하거나 해야 할 일을 미룰 가능성이 커진다. 어디서 증거를 내밀 필요도 없이 이건 경험적으로 누구나 공감하겠지만, 미국 항공 우주국 나사에서 실험한 연구에서도 밝혀진 사실이다. 비행사들의 장기 우주여행에서 무중력이 신체에 미치는 영향을 알아보기 위해 참가자들을 모집해 6도가 기울어진 침대에서 70일 동안 누워서 생활하게 했다. 최대한 무중력에 가까운 상태를 구현하기 위해 한 세팅이다. 아주 쉬운 일을 두고 "누워서 떡 먹기"라고 하는데 이거야말로 문자 그대로 누워서 떡 먹기 아닌가?

그렇다면 이렇게 '누워서 떡 먹기'만 하며 70일 동안 누워서 생활한 결과는 과연 어땠을까? 실험이 끝난 뒤에 참가자들에게는 공통된 두 가지 특징이 나타났다. 첫 번째로는 근육량과 골밀도, 심폐 능력이 감소했다. 쉽게 말해 아주 나약한 몸이 된 것이다. 누워있는 자세는 중력을 거의 받지 않는 자세로, 근육이 일할 필요가 '전혀' 없다. (그래서 사람은 누구나 눕는 게 제일 편하다.) 오랜 시간 입원해서 누워있는 시간이 늘어나면 뼈만 앙상하게 남을 정도로 근육량이 빠르게 줄어드는 이유가 바로 여기에 있다. 그리고 두 번째 변화가 놀라운데, 바로 정서적 불안감이 증가했다는 것이다. 게다가 '헤더'라는 실험참가자는 다양한 증상들 가운데 피로가 가장 힘들었다고 증언했다. 이상하지 않은가? 우리는 늘 피곤해서 누워만 있고 싶다. 그리고 이렇게 누워만 있으면 피로가 쌓일 일이 없을 것 같은데, 70일 동안 누워서 생활했더니 오히려 더 피로해졌다니 말이다. 헤더는 70일간 누워 지내는 실험이 끝난 후 일상으로 돌아온 뒤부터 일상 자체가 힘들어졌다고 했다. 계속 눕고만 싶어져서 오랫동안 글을 쓰거나 앉아있기가 힘들어지고 매우 무기력해졌다고 했다. 한마디로 이 실험의 참가자들은 '편하게 누워있는' 실험으로 인해 체력이 매우 약해졌고, 이로 인해 쉽게 피로를 느끼며 정서적으로 불안해진 것이다.

체력이 약하다는 건 에너지가 쉽게 고갈된다는 것을 의미한다. 에너지가 고갈되면 뇌에서 쓸 수 있는 에너지 역시 줄어든다. 그러면 뇌는 생존에 필요한 일만 하려고 하며, 깊은 생각을 하지 않는다. 깊은 생각을 하지 않으면 충동에 따라 행동하기 쉽다. 앞서 예를 든 것 같은 충동적인 행동들은 대부분 그 잠깐은 편할지 몰라도, 결과적으로 우리를 행복하게 하기보다는 더 불행하게 만든다. '생각 없이 한 말'로 인해 생기는 불행이 얼마나 많은가? 그런데 이 '생각'이라는 걸 하는 것도 체력의 영향을 받는다는 걸 대부분의 사람이 간과하며 산다.

실제로 '생각한다'는 건 에너지 소모가 굉장히 큰 작업이다. 인간의 뇌는 체중의 2%에 불과하지만, 우리가 쓰는 에너지 중 20%가량을 뇌에서 사용한다. 반대로 체중의 50%에 달하는 근육에서 쓰는 에너지 소모량은 전체 소모량에 15%이다. 물론 운동량에 따라 이보다 더 많을 수도 있고, 훨씬 적을 수도 있다. 그러나, 뒤에서 설명하겠지만, 근육을 움직일 때 뇌에서도 근육만큼이나 많은 에너지를 쓴다. 이렇게 뇌에서 쓰는 에너지가 많은 만큼 신체를 순환하는 혈액의 15~20%가 항상 뇌를 지난다. 종일 열심히 공부하거나 앉아서 일하고 나서 집에 돌아가면 아무것도 하기 싫고 너무 피곤했던 이유가 바로 이 때문이다.

뇌뿐만 아니라 신체의 모든 장기는 에너지가 있어야 하고, 혈액은 혈관을 통해 온몸을 순환하며 영양분과 산소를 공급하고 노폐물을 배출한다. 이 순환에 문제가 생기면 뇌를 비롯해 신체의 장기가 제대로 기능하기 어려워지고, 우리는 쉽게 피곤하다고 느끼게 된다. 그리고 이 순환을 일으키는 가장 중요한 동력은 바로 근육의 움직임이다. 근육을 움직이려면 심장은 강하게 펌프질을 해야 하고, 또 이 근육의 움직임은 또 강하게 심장으로 피를 되돌려보낸다. 특히 신체 근육의 60%를 차지하는 하체 근육은 발가락까지 내려간 혈액을 심장까지 끌어 올릴 만큼 강하게 펌프질을 해야 해서, 그 핵심적인 역할을 하는 종아리 근육은 제2의 심장이라고도 불릴 정도다. 앞서 언급한 나사의 실험참가자들이 심장과 폐의 기능이 떨어진 이유도, 혈액을 강하게 끌어 올릴 필요가 없으니 심장이 강한 펌프질을 할 필요가 없어지고, 근육을 움직이지 않아 혈액이 빠르게 돌 필요가 없으니 순환 기능도 약화된 것이다.

그런데 이 실험에 관한 이야기, 왠지 남의 얘기 같지가 않다. 많은 현대인들이 건강검진을 하면 특별히 아픈 곳은 없는데, 퇴근하고 나면 너무 피곤하고 주말엔 그저 누워서 쉬고만 싶다. 사랑하는 사람을 위해 함께 시간을 보내고 싶은데, 퇴근하고 나면 바쁜 것도 아닌데 그냥 너무 피곤해서 그놈의 시간 내기가 그렇게 어렵다.

PT 수업을 할 때 상담해 보면 당장은 건강한 사람들도 꽤 많다. 특별히 아픈 곳 없고, 정신적으로도 특별한 문제가 없어 보이며, 사회적 관계도 원만해 보인다. 그런데 운동 목적을 물어보면 꽤 많은 사람이 '체력을 키우기 위해서'라고 한다. 체력이 우리 삶에 어떤 영향을 미치는지 정확히는 몰라도, 체력이 지금보다 좋다면 삶이 조금 더 윤택해질 것이라는 걸 우리는 본능적으로 알고 있다. 여행을 가면 누구는 낮에만 돌아다니고 저녁엔 누워있어야 하는데, 누구는 아침부터 밤까지 돌아다니며 즐기고 다음 날 또 상쾌하게 일어난다. 여름이 지나고 가을이 시작될 때 똑같이 계절의 변화를 맞이하는데 누구는 그냥 '이제 가을이네.' 하고 넘어가는데, 누구는 계절이 바뀔 때마다 감기에 걸린다. 같은 직장에서 똑같이 앉아서 같은 일을 하지만, 누구는 퇴근 후에 운동도 하고 공부도 하고 데이트도 하는데, 누구는 퇴근 후에 뻗어버린다.

결국, 체력이 좋다는 것은 똑같은 환경에서 똑같은 하루를 보내도 덜 피곤하고 지치지 않는다는 것이다. 그리고 '중요하다'고 생각되는 것을 실천에 옮길 수 있는 힘이 충분하다는 것이다. 이렇게 자신이 하고자 하는 일들을 대부분 해내고, 외부의 물리적, 정신적 스트레스에 크게 영향을 받지 않으니 결과적으로 체력이 좋은 사람이 더 행복할 가능성이 크다.

나는 운동을 하기 전까진 늘 후자의 상황에 해당하였다. 20대 초가 제일 신체적으로 왕성하다는데 그 나이 때 나는 수업 2~3개만 들어도 너무 피곤했다. 계절이 바뀔 때마다 감기를 달고 살아 일 년에 최소 4번은 감기에 걸렸다. 생리만 했다 하면 몸도 마음도 축축 처지고 힘들었다. 그런 날 춥고 비까지 오면 우울감도 정점을 찍었다. 물론 체력이 안 좋았다고 유달리 남들보다 불행한 삶은 아니었지만, 그때보다 체력이 좋아지고 나서 과거를 돌아보니 내 삶의 만족도는 상당히 높아져 있었다. 물론 체력이 어느 순간 갑자기 좋아지지 않듯이, 삶의 만족도 또한 어느 날 갑자기 높아지지는 않았다. 그리고 누구나 그렇듯이 나도 삶의 기복을 경험하며 어느 시기는 평소보다 체력이 떨어지기도 했지만, 전체적인 체력 수준은 우상향을 그려왔고, 서른인 지금은 스무 살 때보다 더 좋은 체력을 가지고 더 만족스러운 삶을 살고 있다. 사람은 누구나 '더 좋은 것'을 경험하고 나면, 과거엔 '괜찮다' 생각했던 것에 대해 만족도가 떨어지고 '더 좋은 것'을 기준으로 삼게 된다. 어릴 때 좋지 않은 체력으로 살 땐 원래 다 그렇게 힘든 줄 알았는데, 좋은 체력으로 사는 지금은 그때의 시간들이 너무나도 아쉽다. 현재 여러분의 삶은 어떠한가? 자신이 중요하다고 여기는 것들을 충분히 챙기면서 행복하게 살아가고 있는가? 체력적인 한계로 인해 놓치게 되는 것들에 대해서 남들도 다 그렇게 산다며, 혹은 그냥 나이 먹어서, 아니면 원래 타고나길 저질 체력이라서 그렇다고 합리화하고 있진 않은가? 어떻게 이렇게 잘 아느냐고? 왜냐면 위의 세 가지 다 내가 했던 합리화이기 때문이다.

환경은 금수저, 타고난 건 흙수저?

우리가 출발한 곳은 선택할 수 없지만,
그곳에서 어딜 향해 갈지는 선택할 수 있어

- 영화 「월 플라워」 중

‖ 시골살이라는 행운

　　　　　내가 태어난 강원도 춘천은 인구가 약 30만 정도 되는 소도시이다. 물론 내가 어릴 때는 논, 밭인 곳이 더 많았는데, 내가 6살 될 즈음 나는 더 깊은(?) 시골로 이사하게 되었다. 교직 생활을 하신 엄마께서 당시 강원도 인제군 서화면 천도리로 발령이 난 것이다. 그렇게 나와 내 동생은 엄마, 외할머니와 함께 그곳에서 5년간의 어린 시절을 보내게 되었다. 그리고 이 5년간의 시골 생활은 체력적인 측면에서 나에게 대단히 큰 행운이었다.

　나와 비슷한 세대인 사람들이 공통으로 공유하는 어린 시절은 아마 '입시 경쟁'과 '사교육'일 것이다. 하지만 내가 살았던 시골에서 다닐 수 있는 학원이라곤 피아노학원뿐이었다. 그래도 나는 첫째 딸이라 엄마의 교육열이 가장 높았고, 학습지로 공부를 했다. 학습지를 잘 풀고 있는지는 선생님이 아닌 엄마가 한 번씩 확인하셨는데, 나는 그때까지만 해도 원래 학습지가 선생님 없이 스스로 하는 건 줄 알았다. 알고 보니 너무 시골이라서 선생님은 안 오시고 학습지 배달만 가능했다고 한다. 그렇게 사교육이라곤 피아노학원, 학습지뿐이었던 나는 방과 후 남는 게 시간이었다.

 그렇다 보니 도시에서 자란 아이들과 다르게, 어린 시절 나는 풀어놓은 강아지처럼 밖에 쏘다니며 노는 게 일상이었다. 엄마가 근무하신 학교 근처 관사에 살았고, 관사 뒤에는 텃밭이 있어 외할머니께서는 그곳에 고추, 옥수수, 호박 등을 키우셨다. 그리고 텃밭 한편에 심으신 딸기와 방울토마토는 동생과 내가 돌보았다. 아파트에서만 살며 그런 건 처음 보았던 나는 학교에서 돌아오면 일단 텃밭에 나가 물을 주며 언제 열매가 열리나 매번 신기한 눈으로 들여다보고는 했다. 도시에선 놀이터를 가야 놀 수 있지만, 학원도 차도 별로 없는 시골에서는 문만 열고 나가면 그냥 모든 것이 놀잇감이다. 성인이 된 지금은 가까이만 와도 기겁하며 피하는 잠자리를 맨손으로 덥석덥석 잡고 뭔지 알지도 못하는 열매들을 따 모아서 흙바닥에 열심히 심어보기도 한다. 내가 다닌 초등학교 옆에도 작은 텃밭이 있어서 거기에 상추며 고추 등을 심어, 반 아이들이 돌아가면서 함께 키운 채소를 집에 들고 가기도 한다. 먹는 나물 종류를 알아보기 시작하니 길거리에서 자라는 쑥 같은 것들까지 전부 따가지고 집에 가져가 엄마를 곤란하게 하기도 했다. 길에서 자란 건 매연들이 섞여 안 좋다곤 하셨는데, 사실 생각해 보면 그 동네는 매연이라고는 지나가는 군부대 트럭에서 나오는 매연이 전부였을 거다. 쉬는 시간에는 학교에서 키우는 토끼 풀 먹이러 가랴, 운동장에서 친구들과 놀기도 하랴 참 바쁘다. 미술 시간엔 근처 강가로 나가 풍경을 스케치북에 담기도 하고, 10분 이상 가만히 있으면 몸이 근질거리는 남자아이들을 따라 강에 들어가 다슬기도 주워본다. 천도리라는 작은 시골 마을에 겨울이 오면 꽁꽁 얼어붙은 강은 스케이트장 되고, 쌀 포대 하나만 있으면 그곳이 썰매장이다.

노는 것 외에도 나는 일상에서의 활동량이 정말 많았다. 2년 전 음악학원에서 근무했던 동생의 말을 들어보니, 초등학교 3학년이고 학교 바로 옆에 학원이 있는데도 학원 선생님이 데리러 와주길 바란다고 한다. 아무래도 아이를 키우는 것도 시대가 변함에 따라 세대 차이가 나기도 하겠지만, 나의 어릴 때를 생각해 보면 도저히 이해하기 어려운 현상이었다.

우리 엄마는 동생이 태어났을 때 겨우 5살이던 나를 보고 '이제 다 컸다.'라고 생각하셨단다. 시골로 전학 간 당시 내가 다닌 병설 유치원은 집에서 1,100m나 떨어져 있었다. 성인이 1,100m를 걸으려면 최소 15분을 걸어야 하는데, 6살짜리 나를 병설 유치원까지 30분 넘게 걸어가게 했다는 사실은 도시에 사는 요즘 엄마들은 상상도 못 할 일일 거다. 1,100m면 거의 1.1km인데, 아이의 걸음으로는 20분은 걸어야 하는 거리다. 그 거리를 다섯 살 때부터 6년을 걸어 다녔으니, 내 하체 근육의 지구력은 그때 발달한 게 아닐까 싶다. 나는 그렇게 멀리 떨어진 학교를 걸어 다니면서도, 집에 오기가 무섭게 가방 벗어 던지고 나뭇잎 모아다 소꿉놀이하고, 자전거로 여기저기를 누비며 해가 떨어질 때까지 놀았다. 이렇게 나의 어린 시절은 왕성한 신체 활동을 하기에 최적화된 '체력 금수저' 환경이었다. 하지만 기초 체력에 있어 환경도 중요하지만, 유전자의 영향, 즉 타고난 것도 무시 못 한다. 아쉽게도 나의 타고난 체력은 금수저가 아닌 '흙수저'였다.

세 살 체력, 여든까지 간다?

나의 어릴 적 성장 환경은 마음껏 뛰어놀며 자연스럽게 기초 체력을 기를 수 있는 시골이었지만, 타고난 체력이 그렇게 좋은 아이는 아니었다. 어린 시절의 나를 상당히 위축시키는 문제가 하나 있었는데, 그것은 바로 열 살이 다 되도록 밤에 화장실을 가질 못하고 이불에 싸버리는 일이었다. 나라고 그러고 싶어 그랬겠는가. 자기 전에 화장실을 꼭 가고, 물 마시는 양을 줄여봐도 자다가 이불에 오줌을 싸버리는 게 고쳐지지 않자, 혹시 몸에 문제가 있는 게 아닐까 걱정하신 엄마는 나를 한의원에 데려가셨다. 진단 결과, 어린 내가 온종일 본인 체력 이상으로 놀며 기력을 다 써버려서 밤에 화장실 가려 일어날 힘조차 없어서 그렇다는 것…! 그때나 지금이나 있는 체력 없는 체력 다 끌어다가 쓰는 건 여전하지만, 온종일 극기 훈련을 받는 것도 아닌데 밤에 화장실도 못

갈 정도로 부실한 체력은 참 너무했다. 다행히 특별한 병은 아니라, 당시 처방받은 한약을 먹고부터는 밤에 화장실 못 가는 일은 없어졌다.

흙수저로 타고난 건 단순히 기초 체력만이 아니었다. 대학 졸업 후 사회에서 만난 사람들은 내가 처음부터 운동을 좋아했거나 잘했을 거라고 쉽게 오해한다. 지금이야 꽤 오래 운동을 해와서 운동신경이 그나마 '생긴' 편이지만, 원래의 나는 정말 최악의 몸치라 춤은 고사하고 운동신경도 거의 무에서 유를 창조해 왔다고 해도 과언이 아니다. 사실 지금도 뭐 가까이서 보면 운동신경이 생각보다 좋지는 않다는 걸 금방 알 수 있지만, 그나마 좋아진 게 이 정도다. 지금은 웬만한 여자들보다 잘 달리는 마라토너지만, 학생 시절엔 운동회에서 그 흔한 계주도 안 뛰어 봤으니 말 다 했다. 운동에 자신이 없어서 하기 싫기도 했지만, 어차피 내가 운동 못 하는 건 다 아는 사실이니 애초에 시켜주지도 않았다. 나와 달리 신체적 유전자를 아주 잘 들고나온 내 동생은 어릴 때부터 처음 하는 운동도 쉽게 따라 하고, 처음 보는 춤도 몇 번만 보면 정확하게 따라 한다. 반대로 나는 수십 번을 보고 또 연습해야 엉거주춤 겨우 따라 한다. 우리 엄마의 고증(?)에 따르면 나와 내 동생 모두 어릴 때 음악을 틀어주면 둘 다 신나게 몸을 흔드는 타고난 '흥 부자'다. 그런데 둘의 차이가 있다면 나는 그냥 미친 듯이 뛰기만 하고, 내 동생은 그 음악에 맞추어 춤을 췄다고 하니 몸 쓰는 부분에 있어서 나의 유전자 뽑기 운은 확실히 꽝이었다.

이렇게 기초체력과 운동신경도 유전자의 영향을 무시 못 하는데, 그렇다면 과연 '비만'은 어떨까? 사실 비만에 대해서도 '유전자'의 영향이 없다고 볼 순 없지만, 그보다 더 큰 영향을 주는 것은 어린 시절 소아비만이었는가 아닌가의 여부다. 비만 유전자가 있다고 해도 소아비만이 아니었다면 살이 덜 찌는 체질이 될 수도 있고, 비만 유전자가 없었더라도 환경적인 요인으로 인해 소아비만이었다면 살을 빼기가 더 어려울 수 있다.

단순한 핑계가 아니라 실제로 다이어트가 유독 어렵고 살이 더디게 빠지는 사람이 있는데, 유아기부터 소아비만이었던 경우가 이에 해당한다. 소아비만의 의학적 기준은 유아기에서 사춘기까지의 체중이 나이별 체중보다 20% 이상 높은 경우를 말한다. 옛날부터 "어릴 때 살은 키로 간다."라는 말이 있는데 이는 잘못된 속설이다. 어릴 때 살이 많이 쪘다가 성인이 되면서 키가 많이 큰 일부의 사람은 '비만이지만 키도 큰' 것이지, 그들이 비만인 덕에 큰 것이 절대 아니다. 어릴 때 소아비만이었던 사람은 성인이 되어서도 비만이 될 확률이 높으며, 다이어트를 해도 감량이 더 더디고 어려운 것이 사실이다. 여기엔 여러 가지 원인이 있지만, 가장 큰 요인은 바로 어린 시절 더 쉽게 늘어나는 지방세포의 숫자이다. 먹은 음식을 다 소비하지 못하고 몸에 지방으로 저장하게 될 때, 지방세포에 저장한다. 지방세포가 마치 창고와 같은 역할을 하는 거다. 그런데 어린이나 청소년의 경우 성장을 위해 세포의 수가 늘어나는 시기이다 보니, 지방세포의 숫자도 쉽게 늘어난다. 그래서 어린이나 청소년이 비만이 될 경우 지방세포의 숫자가 굉장히 많이 늘어난다. 그에 비해 성인이 된 이후 체지방량이 증가하게 되면 지방세포의 숫자를 늘리기보다는 지방세포 안에 지방을 저장하며 지방세포의 '크기'를 키운다. (물론 너무 심하게 지방량이 많아지면 그때는 지방을 저장할 창고가 부족해져 지방세포의 수도 늘어날 수 있다.) 이렇게 단순히 '크기만 커진' 지방세포는 감량하면 다시 원래 사이즈로 돌아갈 가능성이 크다. 그래서 체형도 원래 모습으로 돌아갈 가능성도 크다. 하지만 어릴 때 과도하게 늘어난 체지방 세포의 수는 살을 뺀다고 해도 세포 자체가 없어지지는 않는다. 따라서 어린이, 청소년의 경우 체형이 변형될 만큼 비만이 되지 않도록 주의해야 하며, 이들을 보고 '나중에 크면서 빠진다.'라거나 혹은 '대학 가서 빼면 된다'고 방치하게 해서는 안 된다.

성인의 과체중과 비만도 술과 담배만큼이나 건강에 해롭지만, 어린이와 청소년의 경우 그 위험도가 더 높다. 고혈압과 2형 당뇨병, 고지혈증 등 성인병에 노출될 가능성이 커지는 것은 물론이거니와, 이런 육체적 외에도 정신적, 사회적인 건강에도 큰 위협이 될 수 있다. 유독 과체중과 비만에 대해 혹평과 차별적인 시선을 보내는 한국 사회에서 성인도 사회적 고립감이나 자신감 하락을 경험하기 쉬운데, 아직 정신적으로 충분히 성숙하지 않은 아이들에게는 큰 상처로 남을 수 있다. 다만 아이들의 경우 극단적인 식단 조절을 하지 않도록 특별히 주의해야 하는데, 성장기에 있는 아이들에게는 불균형한 영양 섭취가 아이들의 성장에 직접적인 영향을 줄 수 있기 때문이다. 따라서 아이들일수록 식사량은 간식과 같은 종류부터 천천히 줄여가되 더더욱 신체 활동의 기회를 늘려 먹는 즐거움보다 움직이고 노는 즐거움을 더 많이 누리게 해주어야 한다. 다행히 성장기 아이들의 대사량은 굉장히 좋으므로 식사량이 늘어나지만 않는다면 활동량을 늘리면 감량은 빠른 편이며, 동시에 다른 체력 요소들까지 함께 키워줄 수 있어 여러모로 장점이 많다.

뒤에서도 다루겠지만, 아이들의 비만 예방과 건강을 위해서도 운동이 너무나도 중요한데, 스마트폰을 비롯한 각종 재미있는 것들이 넘쳐나 신체 활동의 기회를 잃어가는 요즘의 환경이 참 안타깝다. 물론 나도 어릴 때 이러한 '신문물의 발달'로 인해 신체활동 시간에 영향을 받았다. 당시 나는 '컴퓨터'라는 신문물을 접하며 뛰어노는 시간이 점점 줄어들기 시작했다. 생각해 보면 그때나 지금이나 새로 개발되는 신문물은 인간을 최대한 덜 움직이게 하는 방향으로 발전하는 것 같다. 그때 게임도 몇 가지 없던 시절의 컴퓨터도 나를 뛰어놀기보단 방 안에서 놀게 했는데, 지금은 스마트폰이라는 더 강력한 기계가 아이들을 움직이지 않게 하니 문제가 심각하다. 그나마 다행인 것은 우리 엄마는 내가 부러워했던(?) 다른 엄마들과 달리 컴퓨터 사용 시간을 엄격하게 제한하셨다. 물론 나도 질세라 동생과 함께 그때만큼은 싸우지 않고 협력해서 엄마 몰래 게임을 즐기기도 했지만, 그때 그래도 엄마의 제재가 있었던 덕분에 컴퓨터 대신 밖에서 움직이며 노는 시간이 많았던 게 아닐까? 그런 의미에서 잔소리하시느라 고생하신 엄마에게 이 글을 빌려 감사의 인사를 전한다.

일단 좋은 대학 가야지

품질이 물량보다 더 중요합니다.
한 번의 홈런이 두 번의 2루타보다 나아요.

– 스티브 잡스

‖ 어린이는 지금 당장 놀아야 한다

　　　　　2002년을 끝으로 엄마는 또 다른 곳으로 옮기셔야 했고, 나는 초등학교 5학년이 되면서 다시 춘천으로 돌아오게 되었다. 물론 당시 춘천도 큰 도시는 아니었지만, 뒤에 텃밭이 있는 시골 관사를 떠나 아파트 생활을 하게 되며 나의 기본 활동량은 크게 줄어들었다. 내가 춘천에서 다닌 초등학교는 우리 아파트 바로 앞에 있어서, 지금 이 글을 쓰는 내 방 베란다에서 초등학교 운동장이 훤히 보일 정도다. 하루 1km 이상을 매일 걷고, 모든 곳을 자전거와 두 발로 다녀 대중교통조차 필요 없는 삶을 살았던 나는 코앞에 있는 학교에 다니며, 방과 후에도 여기저기 걸어 다니기보다는 반경 500m 안에 있는 친구 집이나 학원에 다니며 점차 신체 활동보다는 좌식 생활의 안락함에 머물기 시작했다.

그렇게 도시로 이사 오며 줄어든 활동량은 입학부터 반 배치 고사로 '등수'를 매기기 시작하는 중학교에 입학하고부터는 거의 제로가 되었다. 이러한 성장 배경이 단연 나만의 사정은 아닐 것이다. 내가 고등학교를 졸업하고 10년이 지났으니 아마 그동안 입학 전형이며 평가 방법 등이 많이 바뀌었을지도 모른다. 그러나 입시제도며 평가 제도가 아무리 바뀌어도 바뀌지 않는 단 하나가 있으니, 그건 바로 치열한 입시 경쟁이다.

지난여름 뜨거운 인기를 끌었던 드라마 『이상한 변호사 우영우』. 이 드라마는 자폐 스펙트럼을 가진 천재 변호사 우영우가 대형 법률사무소에서 일하며 맡는 사건들을 중심으로 매회 에피소드가 구성된다. 자폐 스펙트럼을 가진 우영우의 성장기와 따뜻한 로맨스도 시청자들을 흐뭇하게 웃게 만드는 힐링 포인트지만, 한 번씩 사회의 소외된 이웃을 차별하고 배제하는 사회를 꼬집는 에피소드가 소개될 때면 따뜻함을 넘어 진한 여운을 남겼다. 그런 에피소드 중 하나가 바로 '어린이 해방군 사령관 방구뽕' 씨의 이야기이다. 자신의 이름을 들으면 아이들이 웃는다며 이름을 진짜 '방구뽕'으로 바꾼 방구뽕 씨는 미성년자 약취 유인이라는 무시무시한 혐의로 재판을 받게 된다. 무진장 공부를 많이 시켜서 이름도 무진학원인 통학 버스에 탄 아이들을 꾀어내어 학원을 가는 대신 뒷산에 올라가 온종일 놀고 내려오는 길에 체포된 것이다. 여기까지만 들어도 이 에피소드에서 전하는 이야기가 느껴지지 않는가? 너도 알고 나도 알고 모든 사람이 겪었지만, 누구도 바꾸지 못하는 그 문제. 에피소드에서 너무 어린아이들까지 지나친 사교육으로 공부를 강요당하며 신체적, 정신적 건강을 위협받는 모습은 드라마지만 크게 과장된 것 같지 않아 보인다. 드라마 속 방구뽕 씨는 법정에서 마지막 최후발언에서까지 '어린이 해방군 총사령관'으로서 구호를 외친다.

하나. 어린이는 지금 당장 놀아야 한다.
둘. 어린이는 지금 당장 건강해야 한다.
셋. 어린이는 지금 당장 행복해야 한다.

물론 현실에서 적용할 수 없는 어려움도 분명히 있다. 아이들보고 당장 '나가 놀아라!'라고 하기도 어려운 것이, 아이들이 함께 놀 친구가 없는 것이 현실이다. 오히려 학원에 있는 친구들을 만나지 않고 밖에서 노는 친구들을 만나면 '노는 친구'를 만난다고 어른들이 걱정한다. 지금도 그렇겠지만 어릴 때 '노는 친구'라는 말 자체가 '불량스러움'을 내포했다. 물론 미성년자가 술·담배를 구매해선 안 되지만, 학교에 온종일 앉아서 공부하는 것이 가장 미덕인 것처럼 가르치는 것 같은 느낌은 지울 수 없다. 통계에 따르면 12~21살의 사람 중 단지 50%만이 규칙적으로 격렬한 신체 활동을 한다고 하며, 그중 25%는 '약한 신체 활동'조차도

하지 않고 '전혀' 어떠한 활동에도 참여하지 않는다고 한다. 사실 이러한 수치를 몰라도 우리 어릴 때만 생각해 봐도, 주변에 신체 활동을 하는 사람은 운동부 말고는 없었다. 이 수치도 사실 '조사 집단의 절반이 남성이기 때문에 그나마 50% 미만으로 나온 게 아닐까?' 하는 생각이 드는 건 내가 너무 여학생 친구들을 평가절하하는 걸까? 게다가 5학년 이상 학생 중 33%만이 일일 체육에 참여한다는데, 고등학교 학생이 되면 그마저도 20%로 떨어진다고 한다. 사실 나는 이 비율도 실제보다 대단히 많아 보였다. 중학교 3년, 고등학교 3년, 내가 다닌 여중, 여고의 운동장이 '운동'장으로 역할을 하는 걸 운동회나 체육 시간 빼고는 본 적이 없다. 요즘은 스마트폰의 보급으로 인해 아마 아이들의 신체 활동량이 더 적을 가능성이 크다. 그런데 성인에게도 신체 활동량의 감소가 당뇨병, 심장질환, 암은 물론, 우울증과 무기력증 등의 육체적, 정신적 질병 발병률을 높이는데, 과연 아이들과 청소년들의 신체 활동 감소는 이대로 두어도 괜찮은 걸까?

‖ 운동싫어증의 시작

시골에 살 때 다니던 학교는 여느 시골 학교들처럼 학생 수가 아주 적어 3학년까지 별반, 솔반 두 개뿐이었다. 그나마도 점점 줄어 4학년일 때는 반이 하나뿐이었다. 그런데 춘천으로 전학 오며 다니게 된 학교에서는 무려 열두 개 반이 있었다. 그러나 학교가 크다고 운동장까지 비례해서 커지는 건 아니라 점심시간에 밖으로 나가면 놀 수 있는 공간이 너무 좁았다. 그래도 그 안에서라도 놀아보겠다고, 운동장 한구석에서 바닥에 선을 긋고 땅따먹기를 하고, 바닥에 경쾌하게 부딪히는 플라스틱 줄넘기를 하며 초등학생 시절을 보냈다.

  운동회에서 활약할 만큼의 운동신경은 없지만, 이렇게 기회가 되면 친구들과 나가 놀기를 좋아하며 활달한 아이였던 내가 '움직이기 싫다.'라는 기분을 강하게 느끼기 시작한 건 중학생이 되면서였다. 초등학생 때는 체육수업이 있으면 처음부터 체육복을 입고 등교를 했다. 그런데 중학생이 되니 체육복을 입고 등교하는 건 '복장 불량'이고, '벌점'을 받는 일이었다. 그래서 체육 시간이 되면 그때 교실에서 갈아입어야 했는데, 일단 탈의실 하나 없는 교실에서 교복을 벗고 체육복으로 갈아입는 일부터가 그렇게 귀찮고 불편할 수가 없었다. 지금 생각해 보면 '여자애가 아무 데서나 훌렁훌렁 벗으면 안 된다.' 가르쳤으면서 왜 여학교 교실에 탈의실 하나 없었을까 싶다. 한창 예민한 사춘기 아이들에게 교실 아니면 화장실에서 교복 치마를 벗고 체육복으로 갈아입게 한 건, 2차 성징이 일어나고 있는 소녀들에 대한 존중이 참 부족한 환경이었다. 알다시피 여성은 2차 성징이 일어나면 가슴이 발달하기 시작하는데, 그때부터는 운동할 때 가슴이 흔들리지 않도록 단단하게 잡아주는 스포츠브래지어를 착용해야 한다. 그리고 운동의 강도나 형태에 따라 스포츠브래지어가 가슴을 조이는 강도도 모두 다르다. 나는 이 사실을 성인이 되고 헬스를 시작하고서야 알았다. 그리고 내 주변의 지인들이나 내가 운동을 가르쳐주는 사람 중에도 이런 스포츠용 속옷의 기능에 대해 잘 모르는 사람들도 많이 보았다. 기술가정이나 체육 시간에 배웠는지는 기억나지 않지만, 확실한 건 학교에서 체육 시간에 운동용 속옷의 중요성을 강조하진 않았다. 아무튼, 이렇게 중학생이 되면서 어릴 때와 많이 달라진 몸, 블라우스, 조끼, 리본 등 갈아입기 거추장스러운 교복까지…. 애초에 바깥 활동을 하기 어려운 복장이 기본 세팅 상태인데, 체육 시간이 반가울 리가 없었다.

이렇게 체육수업을 하기에 좋지 않은 환경이긴 했지만, 그래도 교실에 갇혀 가만히 앉아만 있는 것보다는 적어도 일주일에 한 번 이상은 몸을 움직이고 운동장에 나가 한두 바퀴나마 달리게 하는 건 분명 학생들의 건강에 긍정적인 영향을 주었을 거다. 좋아서 나간 건 아니더라도, 어쨌든 나가서 움직이기는 했으니 말이다. 하지만 교실에서도 줄 맞춰 앉아서 수업 듣느라 경직된 학생들이 체육 시간이라고 자유롭게 움직일 수 있는 건 아니었다. 자신에게 맞는 속도로 달릴 때 인간은 자유로움과 기쁨을 느낀다. 하지만, 체육 시간 반 학생 전체가 같은 속도로 2열 종대로 달리며 억지로 운동장을 돌고, 체력장 점수만을 위해 하는 오래달리기는 많은 학생들이 달리기를 싫어하게 만들었다. 우리가 흔히 경험한 체육수업은 다양한 스포츠나 활동을 즐기는 법을 배우는 것이 아니었다. 공 위로 던져서 앞구르기하고 받기 몇 번 성공하면 몇 점, 드리블 몇 번 해서 슛 몇 번 넣으면 몇 점. 오직 수행평가를 위한 연습만 있을 뿐이었다. 그나마라도 연습해서 잘하게 되기라도 하면 성취감이라도 느꼈을 텐데, 나의 운동신경은 정말 하찮기 그지없어서 그냥 연습만으로 잘하게 되면서 성취감을 느끼는 건 불가능했다. 자세에 대한 아무런 피드백 없이 그저 연습만으로 잘하게 되는 건 운동신경이 조금이라도 있는 애들에게나 가능한 일이었다. 무언가에 흥미가 생기기 위해서는 어떠한 형태든 보상이 주어져야 하는데, 실력의 향상도 주변의 인정도, 게다가 수행평가 점수도 제대로 받지 못하니 체육은 나에게 흥미는커녕 내 수행평가 점수를 깎아 먹기나 하는, 내가 가장 싫어하는 과목이 되어버렸다.

수행평가 기간이 끝나면 체육 시간엔 자습하거나 여자아이들이 체육 시간에 유일하게 하는 스포츠, 피구를 했다. 공을 가지고 하는 스포츠인 농구, 축구, 야구 등의 구기 종목들은 공을 어딘가에 넣거나 상대가 받지 못하도록 던지거나 쳐서 점수를 얻는 게임이다. 그런데 구기 종목 중 유일하게 피구만 '사람을 공으로 때려서 맞추는' 상당히 공격적인 방법으로 점수를 딴다. 아, 물론 피구도 엄연한 스포츠 종목이다. (내가 엄청 싫어해서 그렇지.) 피구를 하더라도 기왕 스포츠를 즐기는 거, 공을 잘 던지는 법이나 공을 안전하게 받는 법 등을 배우면서 했다면 훨씬 더 즐겁게 할 수 있었을까? (물론 나는 그래도 잘 못 했겠지만…. 그래도…!) 안타깝게도 그런 재미난 수업은 6년의 학교생활에서 있었던 수많은 체육 시간 중에 단 한 번도 없었고, 피구 시간은 운동신경 꽝인 나에게는 운동신경 타고난 아이들이 무섭게 던지는 공을 피해 '제발 덜 아프게 맞고 빨리 밖으로 나가고 싶은' 시간일 뿐이었다.

그래서 나의 학창 시절 체육은 '그나마라도' 몸을 움직이게 한 고마운 시간이지만, 또 한편으로는 운동에 대한 흥미를 밑바닥까지 떨어트리고 '나는 운동을 못 해.'라는 강한 확신을 하게 만든 시간이기도 하다.

우리나라 교육제도의 문제점에 관해 이야기하자면 정말 한도 끝도 없겠지만, 어린 나이부터 입시 경쟁에 지친 아이들이 체육 시간만이라도 '여가' 활동이 될 수도 있는 다양한 운동을 배울 수 있었다면 어땠을까? 과거엔 상상하기 어려웠던 여자 축구가 요즘은 TV 프로그램에서도 화젯거리이고, 주변에도 축구를 하는 여자들이 많이 생겼다. 나도 빨리 배워보고 싶은데 시간이 없어 '하고 싶은 운동' 목록에만 남아있다. 성인이 되어서야 축구를 시작한 여성들은 '어릴 때 안 한 게 너무 아쉽다.'라고 한다. 그들도 물론 아직 잘하진 못한다고 하지만 헛발질하고, 드리블 좀 못하면 어떤가, 스포츠를 통해 배우는 건 단순히 '운동 기술'이 아닌 협동심과 성취감, 그리고 움직임 그 자체가 주는 즐거움인 것을! 혹시라도 이 책을 읽는 분 중 체육 선생님이 계신다면 사실은 아이들의 건강과 삶의 질에 직결되는 가치를 가르치고 있다는 사실을 다시 한 번 떠올리며 자부심을 가지셨으면 좋겠다. 그리고… 피구 말고 다른 운동도 좀 시켜주셨으면 하는… 건, 너무 나의 사적인 바람이려나…?

‖ 나에게 부족했던 건 공부가 아니라...

　고등학교 공부부터는 체력싸움이라고 한다. 사실 같은 조건이면 한정된 시간 동안 더 많은 시간 공부에 투자해야 성적이 더 잘 나올 테니 당연한 말이다. 그런데 체력이 좋아지려면 운동을 해야 하는데, 고등학교 가서 꾸준하게 운동한 사람 손 들어보자. 혹시 손을 들었다면 그 손으로 자신의 머리를 쓰다듬으며 말하자. "기특하다 나 자신!"

　어린 시절 시골에 살며 신체 활동을 왕성하게 했던 것은 분명 나의 체력을 기르는 데 도움이 되었다. 하지만 노력 없이 영원한 건 없듯이, 체력도 한 번 만들었다고 그게 평생 아무 노력 없이 지속되는 게 아니다. 아무리 건강하고 체력이 좋았던 사람도 오랜 시간 건강하지 않은 식사와 좌식 생활을 이어가면 건강과 체력은 나빠질 수밖에 없다. 게다가 나는 원래 타고난 체력도 그리 좋지 않았으니, 중학생 때부터 줄어들기 시작한 나의 체력은 고등학교에 가며 급 내리막을 탔다. 내가 고등학생일 당시 춘천은 중학교 성적에 따라 고등학교를 진학하는 비평준화 지역이었다. 중학생 때부터 대부분의 시간을 앉아서 보내며 공부만 했던 나는 가장 공부 잘하는 아이들이 모인 학교로 진학했고, 경쟁은 더 치열했다. 당시 집에서 멀리 떨어진 학교에 다니는 '귀한' 수험생을 우리 아빠는 고등학교 3년 내내 태워다주고 태우러 오셨다. 그렇게 나는 그나마 중학교에 다닐 때 500m 거리라도 걷던 신체 활동조차 하지 않게 되었다. 그때 나는 최대한 많은 시간 앉아있는 것이 나의 성적을 결정한다고 믿고, 시험 기간엔 잠을 줄여가며 공부하는 친구를 존경했다. 가끔 잠을 포기하지 못하는 친구도 있었는데, 그 친구는 그래도 성적이 좋아서 '머리가 좋은 애'라고만 생각했다. 운동량이 제로에 가까우니 아무리 홍삼을 꼬박꼬박 챙겨 먹어도 피곤함은 가시지 않았다. 결국, 고등학교 3학년 때는 만성피로가 찾아와 깨어있는 시간 대부분이 멍한 상태였다. 하루 정도 푹 자면 정신은 조금 맑아졌지만, 불안감은 커졌다. 그때는 당장 문제 하나라도 더 풀어야 할 것 같은 조바심에 효율이라는 걸 생각하지 못했다.

이미 지나간 시간에 '만약'이란 건 없지만, 만약에 고등학생 때 내가 지금만큼은 아니어도 하루 딱 30분씩 달리기를 하고 공부를 했다면 어땠을까? 어떤 한 '혁명 정신을 가진' 체육 교사가 전교생을 아침 자습 대신 30분씩 운동장을 달리게 했다면 우리 학교의 성적은 어떻게 달라졌을까? 장담컨대, 전체 평균 성적은 반드시 올라갔을 것이다. 단순히 '체력이 좋아질 테니 공부도 잘하겠지?'라는 지레짐작이 아니다. 실제로 이미 선진국에서는 많은 연구를 통해 공부하기 전 운동을 하면 공부 효율이 가장 높아진다는 것을 밝혀내고 있다.

공부를 잘하려면 일단은 두 가지가 필요하다. 좋은 머리, 그리고 놀러 나가고 싶은 유혹에 흔들리지 않고 오래 앉아있을 수 있는 의지력. 그런데 운동이 이 두 가지에 '매우' 효과적이라는 사실을 많은 사람이 간과한다. 운동을 통해 체력을 강화하면 의지력 또한 강해진다는 이야기는 앞에서 다루었다. 이와 더불어 운동은 뇌 기능을 강화하는 데에도 매우 효과적이다.

운동이 뇌를 더 똑똑하게 만든다는 건 단순히 임상적인 연구만을 근거로 하는 주장이 아니라, 실제 생화학적인 연구로 오래전부터 밝혀져 왔다. 1995년 캘리포니아대학교 칼 코트만 교수는 운동할 때 뇌유래신경영양인자(BDNF)가 증가하는 것을 발견했다. 이 BDNF라는 것은 뇌세포, 뇌의 신경회로를 재생해 주는 물질인데 뇌 신경 사이의 연결고리도 강화해 준다. 쉽게 말해, 기억력과 학습 능력이 좋아진다는 것. 다시 말하지만, 이 BDNF가 가장 많이 만들어지는 건 바로 '운동할 때'이다. 게다가 운동할 때 생기는 신경세포들은 다른 신경세포까지 자극해서 '장기상승작용'이라는 것을 돕는데, 쉽게 말하면 뇌의 신경세포들이 더 강하게 연결되어서 기억이 더 잘 난다는 뜻이다. 즉, 기억력을 좋아지게 만든다는 것. 그리고 뇌에서 기억과 학습을 관장하는 '해마'라는 부위의 활성도도 눈에 띄게 높아진다고 한다. 공부를 잘하기 위해 암기를 할 때, 가장 좋은 방법은 어쩌면 노트에 깜지를 만드는 것보다 딱 10분만 뛰고 들어와서 맑은 머리로 집중해서 외우는 것인지도 모른다. 흔히 치매 예방을 원하는 중장년층이나 학생들에게 추천하는 영양제로 EPA나 DHA가 있는데, 이들은 혈액이 좀 더 잘 흐르게 해 줘서 뇌에도 영양공급이 더 잘 될 것이라 기대되는 성분이다. (사실 들기름, 카놀라유에 들어있는 오메가3를 섭취하면 몸에서 저절로 합성되는 성분이라 굳이 안 먹어도 되지만 나도 어릴 땐 잘 몰라서 그냥 좋다는 거 열심히 먹었다.) 그런데 이렇게 따지고 보면 영양제를 먹는 것보다 차라리 운동하는 것이 뇌 자체를 더 똑똑하게 만들어줘서 공부 효율을 높이는 방법 아닌가?

하버드 대학 정신과 교수로 재직 중인 존 레이티는 그의 저서 『운동화를 신은 뇌』에서 이러한 효과를 증명하는 두 가지 실험을 소개한다. 1999년 일리노이주 네이퍼빌공립학교에서 학생들에게 정기적으로 에어로빅(유산소 운동)을 하게 했는데, 국제 학업 성취도 평가인 TIMSS 성적이 엄청나게 향상되고, 과학 과목은 세계 1위, 수학은 세계 6위를 차지했다. 학생들의 수업 태도 또한 좋아져서 정학률이 60% 하락한 점도 성적 향상에 영향을 주었을 것이다. 학습 장애를 위한 대안학교인 캐나다의 시티파크 고등학교는, 2009년 절반 이상이 집중력에 심각한 문제가 있는 ADHD 증후군이 있었다고 한다. 그런데 그 학생들에게 수업 20분 전에 러닝머신, 자전거 등을 타게 했더니 거의 모든 학생의 점수가 향상됐다.

여기서 중요한 역할을 한 건 바로 운동이다. 왜냐하면, 앞서 설명한 것처럼 운동을 통해 뇌의 기능이 강화되기 때문이다. 운동을 하게 되면 신체는 더 많은 혈액이 필요하기 때문에 심장의 펌프작용이 활발해진다. 그러면서 혈관이 확장되고, 혈액은 좀 더 효율적으로 전달되며, 뇌에 공급되는 혈액량 역시 늘어나게 된다. 이렇게 운동을 통해 산소가 풍부한 혈액이 충분히 공급되면서 뇌는 활발하게 활동할 수 있게 된다.

2009년에 실험한 연구를 살펴보면 운동을 꾸준히 해온 성인과 그렇지 않은 사람의 뇌를 관찰한 결과, 운동을 꾸준히 한 사람은 아닌 사람에 비해 뇌에 있는 혈관들이 더 곳곳에 촘촘히 뻗어있었다고 한다. 운동은 뇌를 똑똑하게 만드는 것은 물론, 도파민과 세로토닌, 노르에피네프린 등의 호르몬을 분비시키는데, 이런 물질들은 집중력을 높이고 뇌를 각성상태(=살짝 '똘망똘망' 한 상태)로 만들며, 기분을 전환해 공부하기 아주 좋은 컨디션을 만들어준다.

  이 외에도 여러 가지 연구들에서 '반복적으로' 운동이 뇌 기능 향상에 미치는 영향들이 밝혀지고 있으니, 이 정도면 학생들이 공부를 시작하기 전 운동을 하는 것이 성적 향상에 효과적이라는 것은 (과장 조금 보태서) 거의 기정사실로 인정해야 하지 않을까? 심지어 공부에 '가장' 효과적인 운동이 바로, 내가 지금 줄기차게 하는 달리기 같은 유산소 운동이다. 혹시 이 책을 읽는 그대가 학생이라면 과거의 내가 놓친 운동의 놀라운 '성적 향상 효과'를 그대는 꼭 누리길 바란다. 마음 같아서는 내가 방과 후 교사나 0교시 기간제 체육 교사로 출동해서 10대 친구들과 함께 달리고 싶은데, 그게 가능해지려면 일단 내가 더 열심히 살아야겠지…?

합법적으로 내 몸을 망쳐도 되는 시기

생각하는 대로 살지 않으면, 사는 대로 생각하게 된다.
– 폴 부르제

‖ 마! 셔라 마셔라, 마! 셔라 마셔라

위의 제목을 읽을 때 나도 모르게 악센트를 넣고 리듬과 박자가 느껴지는 사람이라면 아마 '이 문화'에 반드시 한 번이라도 젖어 봤을 것이다. 대학 진학률 70%를 넘는 대한민국, 그리고 대학을 나오지 않더라도 그 대졸자들이 회사에서 회식하며 퍼트리고 이어가는 문화. 바로, 대학의 술 문화다. 이러한 대학 캠퍼스의 술 문화가 언제 어디서 시작되었는지는 모르겠으나 '기호'식품이라고 하면서 모두가 '호'이기를 강요하는 일부 사람들의 술 문화는 그리 바람직해 보이지는 않는다.

내가 스무 살이 되어서 연고 하나 없는 머나먼 부산으로 대학을 가게 되자, 술을 잘 못 드시는 우리 아빠는 사랑하는 첫째 딸내미가 처음 성인이 되어 이 술 문화에 어떻게 적응해야 할지 걱정이 되셨나 보다. 첫 OT(오리엔테이션이라 쓰고 신입생 환영회 술자리라고 읽는 대학 행사)를 가는 나에게 "네가 마시고 싶지 않으면 절대 마시지 말고, 당당하게 거절해."라고 신신당부하셨다. 나를 아끼고 사랑하신 아빠의 마음은 너무나 감사했지만, 다행히도(?) 그건 참 쓸데없는 걱정이었다. 사실 우리 집은 아빠만 빼고 다 술을 잘 마시는 편이다. 그리고 성인이 되어 술자리에서 만난 대부분의 사람은 술을 잘 마시고 즐기는 사람에게 환호했다. 나는 오히려 이러한 술 문화의 수혜자(?)였는지도 모른다. 친구 하나 없는 낯선 환경에서 나는 술을 마시며 친구를 사귀고, 평소 어렵던 선배에게 술기운을 빌린 용기로 다가갈 수 있었고, 남자친구도 사귀었다(?!).

춘천이라는 작은 도시에서 집-학교만을 오가며 모범생으로만 살다가, 부산으로 대학을 가며 그렇게 큰 도시에 방류(?)된 나는 술에 푹 빠져 처음으로 정말 내키는 대로 살아보게 된다. 전날 밤 과음으로 인해 꼼짝도 하기 싫은 날에는 강의실 대신 국밥집으로 향하고, 기껏 들어간 수업도 결국 쉬는 시간에 수업을 '째고' 카페로 놀러 갔다. 그러다 친구들과 눈만 맞으면 다시 또 룰루랄라 술집으로 향한 나는 누가 누가 더 잘 먹고 재밌게 노는 지 내기라도 하는 것 같았다.

하지만 모든 것에는 대가가 따르는 법. 그때는 몰랐다. 내가 그런 광란의 시간을 즐길 수 있었던 건 내 체력을 갈아 넣었기 때문이라는 걸. 스무 살 때는 끝도 없이 마셨다는 선배들이 1년 1년이 다르다면서 '예전 같지 않다'는 말이 나는 진짜 그냥 나이 먹으면 원래 그런 건 줄 알았다. 그리고 나도 한 살 두 살 먹어보니 정말 술을 스무 살 때만큼 '미친 듯이' 마시기 힘들었다. 그리고 나도 후배들에게 똑같이 말했다. "애들아, 1학년 때 실컷 놀아야 해. 나이 먹으니까 그때만큼 못 마시겠어." 끽해야 스물둘 셋 되는 '선배님'이 조언이랍시고 하는 말이었다. 사실 그때는 아무도 몰랐던 거다. 나이를 먹어서 못 마시겠는 게 아니라, 20대 초반 너무 무리했던 몸이 점점 회복 기능을 잃어간 거라는 사실을 말이다.

물론, 여전히 나에게 술은 '호(好)'다. 이 책을 작성하는 많은 시간 동안에도 노트북 옆에는 종종 맥주 한잔이 있었고, 사랑하는 사람들과 함께 즐기는 맛있는 음식들에 적절한 술을 곁들이는 것을 좋아한다. 특히 맥주를 너무 좋아해서 춘천에서 나와 제일 친한 언니들과 함께 '맥주 귀신'이라 불릴 정도도. 술은 사람들과 더 즐거운 시간을 보낼 수 있게 하는 좋은 윤활제라고 생각한다. 지금까지 만들어온 즐거운 추억들과 앞으로 살아갈 행복한 날들에도 술이 늘 함께하겠지만, 그 즐거움에 대한 비용을 얼마든지 감당할 수 있도록 미리 준비해 두어야 한다. 무엇이든 얻는 것이 있다면 그에 대한 비용도 있는 게 당연하다. 술 먹는 데 술값 말고 무슨 비용이 드냐고? 술을 마시면 당연히 술값이 들지만, 그와 함께 다음 날 회복하기 위해 쉬어야 하는 시간과 에너지도 추가로 필요하다. 시간은 돈과 같다. 게다가 음주량이 '상한선'을 넘어가기 시작하면 다음 날의 피로감과 그로 인해 누워있어야 하는 시간이 두 배가 되고, 열심히 운동하고 단백질을 챙겨 먹으며 만든 근육의 손실 등 '과음 수수료'가 눈덩이처럼 불어나기 시작한다. 물론 이놈의 유전자는 참으로 불공평해서 이 '상한선'은 사람마다 다르다. 체내 알코올 분해 효소가 충분한 사람들은 술을 많이 마셔도 몸에서 빠르게 분해해서 배출하고 금방 원상태로 돌아온다. 하지만 어떤 사람들은 분해 효소가 거의 없다시피 해서 마치 알코올 판독 지시약처럼 몸에 알코올이 조금만 들어가도 얼굴이 새빨개지고 몸에 반응이 나타난다. 그런 사람들은 술을 마시면 안 된다. 요즘은 많이 달라졌겠지만, 여전히 주량이 업무 능력으로 평가되는 회사가 존재한다는 건 정말 안타까운 현실이다. '술을 잘 마신다'는 말의 뜻이 단순히 술을 '많이' 마실 수 있다는 것이 아니라, 자신의 주량 안에서 조절하는 능력이 탁월하다는 의미로 쓰일 수는 없는 걸까? 술은 우리를 과도하게 옭아매는 이성의 끈을 살짝 풀게 해주어 좀 더 가벼운 마음을 만들어준다. 하지만 이성의 끈을 완전히 놓아버려 부적절한 언행과 행동으로 이어지지 않도록 조절하는 것이 술을 살 '법적인 권리'가 있는 성인들의 '책임이자 의무'라고 생각한다. 그리고 성인들이 져야 하는 이 책임과 의무의 범위에는 자기 자신의 건강도 포함된다.

술은 0kcal라고 하지만, 정확히 말하면 0kcal가 아니라 몸에 저장할 수 없는 칼로리다. 알코올도 1g당 7kcal의 열량을 가지고 있다. 하지만 탄수화물, 지방, 단백질과 달리 남는다고 우리 몸에 저장할 수가 없다. 그래서 들어온 알코올은 무조건 간에서 해독하고 다 써야 해서 몸에 남지 않으니 0cal라고 하는 것이다. 그럼 술만 마시면 살이 안 찔까? 정말로 술'만' 마시면 그렇긴 하다. 하지만 간과 위장의 운명은 장담할 수 없다. 술이 아무리 좋아도 건강과 맞바꾸지는 말자. 술을 마실 땐 반드시 음식이 함께 곁들여져야 하는데, 술을 마시면 일단 무조건 알코올 먼저 태워야 하기 때문에 함께 섭취한 음식들은 일단 무조건 다 저장하고 본다. 간이 알코올을 해독하느라 바쁘므로 단백질 대사도 일단 중지다. 단백질 대사를 못 하니 근육량 합성도 못 한다. 운동하고 술을 마시면 훨씬 맛있지만, 그만큼 평소라면 더 만들었을 근육 합성량도 줄어드니 그걸 감안하고 마셔야 한다. 주변을 보면 근육량이 굉장히 많은 트레이너나 운동쟁이 친구들이 술을 더 많이 마심에도 불구하고 그 몸을 유지하는 걸 볼 수 있는데, 이미 근육량이 많다면 운동을 꾸준히 하는 이상, 근육량이 '더' 많아지지 않을 뿐 근육량이 줄어들지는 않는다. 단지 그들이 하는 운동에 비해 근육이 좀 더 천천히 늘어날 뿐. 그래서 술을 정말 좋아하는 사람이라면 자신의 근육량이 충분한지 체크해 보길 바란다. 술을 마시면서 운동을 하면 있는 근육량을 '지키는 것'까지는 가능하지만, 근육량을 늘리기는 상당히 어렵다. 있는 걸 지키는 게 아니라 늘려야 한다면 술이 큰 방해가 될 것이다. 체력 향상을 위해 운동을 하면 근육량도 함께 늘어나는데, 술을 마시면 그 양이 줄어든다.

술의 해독 능력은 개인이 가진 알코올 분해 효소에 따라 달라지더라도, 일단 체력이 약하면 다음 날 회복 능력도 약하다. 나이를 먹어서 술이 잘 안 깬다고? 정확히 말하면 '노화로 인해 체력은 줄어들었는데 음주량은 줄지 않아서'가 맞다. 나이를 먹었어도 체력이 좋아지면 같은 음주량이라도 회복 능력은 더 좋다. (그게 바로 나예요.)

  삶을 파괴하는 중독 수준이 아니라면 술을 좋아한다는 사람에게 굳이 건강을 위해 끊으라고 설득하고 싶진 않다. (사실 내가 술을 좋아해서 설득할 자격이 있나 싶기도….) 대신 지금보다 좀 더 나은 삶을 만들고자 한다면 건강을 위해 일단 음주 빈도를 줄이고 그 시간에 규칙적인 운동과 적절한 영양 섭취로 체력부터 먼저 확보할 것을 추천한다. 혹시 이 책을 읽는 그대가 과거의 나처럼 음주를 탐닉하며 사는 20대라면 지금의 몸을 조금만 더 아껴 썼으면 좋겠다. 한창 술을 마실 땐 이것만큼 나를 행복하게 하는 게 없을 것 같았는데, 알면 알수록 세상에는 정말 다채로운 즐거움과 행복들이 존재한다. 술이 주는 즐거움은 취한 정도에 비례하지 않지만, 몸이 상하는 정도는 술 마시는 양에 그대로 비례한다. 요즘 세상은 별일 없으면 100살까지 살지도 모르는데, 나는 100살 넘어서도 맥주 귀신 언니들처럼 좋은 사람들과 함께 맛있는 술과 음식을 즐기고 싶다. 일단 길게 가는 건 확실하다고 한다면, 기왕이면 굵게 길게 가면 더 좋지 않겠는가…!

쿠크다스로 바위 치기

 부산이라는 초원에 풀린 자유로운 망아지로 살며 광란의 1학기를 보내고 찾아온 여름방학. 어느 날 같은 과 선배가 음료수 한 잔 마시며 옥상에서 바람 쐬자며 나를 불러낸다. 앗싸, 안 그래도 공부하기 싫었는데 잘 됐다 싶어 신나게 따라 나간 자리에서, 생각지도 못한 질문을 받았다.
 "니 방학 때 뭐할 거고?"
 갑자기 방학에 뭘 할거냐니…? 사실 생각해 보니 대학생은 방학하면 고등학교 때처럼 자율학습이 있는 것도 아니고, 심지어 방학 기간이 두 달도 넘는다. 그러나 일단은 기말고사부터 벼락치기로 얼른 치고 종강총회(=종강을 핑계로 신나게 술을 마시는 자리)에 가서 놀 계획뿐이었던 나에게 여름방학 계획 같은 게 있을 리 없었다.
 정작 그런 고민이 많은 사춘기 때는, 일단 수능부터 잘 치고 대학에 가면 내가 어떤 사람이 되고 싶고, 무엇을 하고 싶은지, 뭘 할 때 가장 즐거운지 답이 나올 줄 알았다. 그러나 막상 성인이 되고 대학교에 가도 그런 질문에 대한 답이 저절로 나올 리가 없었다. 그 질문에 대한 답을 찾기는커녕 사람들과 어울리고 노느라 그런 질문을 던질 겨를은 여전히 없었다. 사실 딱히 그런 걸 고민할 필요도 없었던 것 같기도 하다. 내가 뭘 잘하든 간에 나의 전공은 이미 내 수능 점수에 맞춰져서 결정되었고, 시간표는 점수 잘 주시는 교수님으로 선배들이 친절하게 골라줬다. 쉴 때는 뭘 해야 기분이 좋고 행복한지 모르겠는데, 그냥 마시기만 하면 기분 좋아지는 술을 마시는 게 '하고 싶은 거'였고, 그러고서 다음 날 뻗어서 뒹굴거리는 것이 나에게는 '쉬는 것'이었다. 그래서 "여름방학 때 뭐할 거냐?"라는 질문을 받은 그 자리에선 "음…."만 하다 끝났지만, 그때야 비로소 다시 떠올리게 됐다. 나는 선생님이 꿈이었고, 해외에서 대학 생활도 해보고 싶었다는 사실을.

 이 책을 빌려 그 선배에게 고맙다는 말을 한 번 더 하고 싶다. 그때를 기점으로 나는 조금씩 행동하는 용기를 내기 시작했다. 사범대는 못 갔지만 교직 이수를 신청하고, 해외 대학 입학은 못 했지만 '교환학생'으로 해외에 나가보기 위해 토플 공부를 시작했다. 친구들이랑 술 마시고 수업 듣고 시험 치기도 충분히 바빴던 거 같은데, 여기에 영어 공부와 교직 이수를 위해 더 많은 수업을 듣고 더 많은 공부를 하게 되니 나를 만나는 사람마다 '아파 보인다'고 할 만큼 얼굴은 핼쑥해져 갔다. 심지어 이 시기에 살이 하도 빠져서 피곤할 때만 생기던 쌍꺼풀이 아예 영구적으로 생길 정도였다. 마음 같아서는 불타오르는 열정으로 뭐든 도전하고 해내는 멋진 내가 되고 싶은데, 현실의 내 체력은 저녁 8시만 되어도 이미 고갈되어 졸음이 쏟아지는 상황이었다. 법륜스님이 말씀하시길 이상과 현실의 괴리가 클수록 괴로움이 커지니 이상을 너무 높게 잡으면 안 된다고 하셨다. 그런데 나의 괴로움의 원인은 아무래도 공부를 더 열심히 하는 대학 생활이라는 이상이 너무 높았다기보단, 체력이 바닥을 찍은 나의 현실이 너무 바닥이었던 게 원인이었다. 고등학생 때는 부모님의 지극한 내조를 받으며 먹을 거 잘 먹고 잠은 좀 부족해도 좋다는 건 다 챙겨 먹기라도 했다. 그러나 매끼 챙겨 먹기도 힘든 자취생이 술은 술대로 마셔 있는 근육량마저 줄어들었으니, 체력은 오래된 배터리처럼 방전 속도가 빨라져만 갔다.

앞서 언급했듯이 목표를 이루는 데 있어 가장 중요한 것은 의지력이고, 이 의지력은 체력과 굉장히 깊은 연관이 있다. 애석하게도 연약한 나의 폐와 기관지는 계절이 바뀔 때마다 비염과 감기에 시달렸고, 유산소 운동이란 걸 해본 적이 없으니 먹는 것들이 온몸 구석구석 전달될 리가 없었다. 자세를 유지해 줘야 할 나의 근육들은 내 몸을 몇 시간 동안 앉아있게 잡아주기엔 너무 약했다. 하고 싶은 일이 있다면 되든 안 되든 일단 부딪혀봐야 하는 것도 맞는데, 내 몸이 단단하지 않으니 부딪히는 만큼 부서지는 것은 벽이 아니라 내 몸이었다. 고등학생 때 그랬듯이, 몸이 너무 피곤하니 깨어있는 시간을 늘리는 것도, 깨어있는 동안에도 오랜 시간 집중력을 발휘하는 것도 어려웠다. 오히려 열심히 살려고 애쓸수록 건강은 나빠지는 것 같았다.

그러던 어느 날, 전공 수업 중 교수님께서 말씀하셨다. "이 중에서 진짜 이 전공을 공부하고 싶어서 온 사람 얼마 없는 거 알아요. 대부분이 성적에 맞춰서 대학 오니까…! 그죠? 지금도 늦지 않았으니까 다른 전공들도 한번 고려해 봐. 휴학하고 하고 싶은 거 먼저 해보든지. 그래도 안 늦어."

아, 휴학…! 왜 그 생각을 못 했을까. 피곤함은 단순히 의지력으로 안 된다는 건 이미 고등학교 수험 생활 때 뼈저리게 느꼈다. 지금 체력으로는 이 많은 시간표를 감당할 수 없다. 내 시간과 체력은 한정되어 있으니 선택과 집중이 필요한데, 이 중에서 내가 가장 간절히 원하는 건 교환학생으로 유럽에 가보는 거다. 고민 끝에 나는 휴학을 하고 나의 한정된 자원을 교환학생 준비에 모두 걸어보기로 했다.

그렇게 이제 정말로 내가 원하는 것을 이루는 멋진 삶이 시작될 줄 알았다. 이제 진짜 제대로 해봐야지 하는 마음으로 가을학기 휴학까지 했건만, 얼마 되지 않아 과도한 냉 분비 때문에 방문한 산부인과에서 난소에 있는 혹을 발견했다. 여자들에게 생각보다 흔하다는 '난소내막증'이었다. 생리혈이 난소에 가서 붙어서 물혹을 형성하는데, 원인은 모른다. 크기가 작고 커지지 않는 혹이면 상관없지만 나는 빠른 시일 내 수술을 해야 하는 크기였다. 그렇게 속상할 수가 없었다. 내가 지금 병원에 누워있자고 휴학한 게 아닌데…. 물론 그렇다고 몇 달을 입원하는 건 아니지만 내 몸은 도대체 뭘 할 수 있는 건가 하는 생각이 들었다. 수술이란 건 늘 '최악으로 가는 걸 막는' 처치다. 수술 후 최악이 아닌 차악의 상태에서 회복하는 건 온전히 환자 자신의 몫이다. 그렇게 처음 해본 전신마취와 수술 후 재발 방지를 위해 한 달에 한 번씩 호르몬 주사를 맞으러 병원에 다니는 일은 쿠크다스 같은 나에겐 너무나도 피곤한 일이었다. 여성들은 한 달에 한 번씩 생리 주기로 인해 호르몬이 급변하면 컨디션에도 굉장한 영향을 준다. 혹시 그대가 남자라서 이해가 잘 안 간다면 모든 게 맘에 안 들던 사춘기 때를 떠올려보자. 그때는 남자도 2차 성징을 겪으며 급격한 호르몬 변화를 겪는다. 물론 남자아이들은 격렬한 신체 활동을 종종 하다 보니 그러한 변화를 꽤 무난하게 지나가는 경우도 많다. (참 부럽다.) 아무튼 내가 맞았던 호르몬 주사는 생리를 안 하게 하는 주사인데, 6개월 동안 생리를 안 하기 시작하니 내 몸에서는 신기하게도 갱년기 증상이 나타나기 시작했다. 토플 학원에서 가만히 앉아 수업을 듣는 도중에도 몸이 갑자기 더워져서 한겨울임에도 갑자기 겉옷을 모두 벗고 반팔 차림인 채로 열이 식기까지 기다려야 했다. 갱년기 겪는 엄마들이 갱년기를 자식, 남편 때문에 나는 화병이라고 표현하는데, 화병 나게 할 남편도 자식도 없는 내가 우리 엄마보다 갱년기를 더 먼저 겪었다. 이렇게 최악의 컨디션이라도 일단은 그래도 최선을 다해보았건만, 내 영어 점수는 교환학생으로 지원하는 데 필요한 점수에서 딱 1점이 모자랐다. 호기롭게 휴학까지 하며 도전한 교환학생은 지원조차 해보지 못하고, 정해두었던 휴학 기간은 그렇게 끝나버렸다. 내 몸은 껍질을 조금만 잘못 까도 바사삭 하고 부서지는 쿠크다스처럼, 외적 내적 스트레스를 조금도 견디지 못하고 부서지는 것 같았다.

운동을 시작하는 데 정답은 없다

> 작은 변화가 일어날 때 진정한 삶을 살게 된다.
> – 레프 톨스토이

‖ 아주 작은 변화의 시작

나의 첫 교환학생 도전은 그렇게 실패로 돌아갔다. 그렇다고 이대로 꿈을 접는 건 이제 막 다르게 살아보겠다고 굳게 결심한 것치고 너무 빠른 포기다. 게다가 돈 들이고 시간 들여서 힘들게 한 영어 공부를 이렇게 놓아버리면 영어 실력은 그대로 다시 떨어지게 될 게 불을 보듯 뻔했다. 그러나 복학 후 나의 시간표는 영어 공부에 많은 시간을 들일만큼 여유롭지 않았다. 지난 휴학 기간 동안 전공에 대해서도 고민한 끝에, 나는 전공을 바꾸는 '전과' 신청을 하기로 했다. 그러기 위해선 그 학과 전공 수업을 3개 이상 들어야 했다. 그런데 대부분의 전공 수업들이 그렇듯이 1학기 수업 내용에 2학기 내용이 이어지기 때문에 1학기에 복학을 해서 수업을 듣는 것이 가장 유리하다. 그러니 한 번 더 휴학하는 건 좋은 선택이 아니었다. 당연히 그때 내 체력으로는 학기 중에 영어 공부를 따로 할 여유는 없었다. 비록 토플 점수는 딱 1점 모자랐지만 휴학 기간 동안 쌓아온 영어 실력이 있으니 이걸 유지만 하는 걸 목표로 하고, 학기 중에도 영어를 잊어버리지 않도록 교양 수업도 원어 수업으로 신청하면 어떨까? 교환학생 지원 시 원어 수업 수강 이력이 있으면 가산점을 받을 수 있어 여러모로 매우 좋은 전략이다. 그렇게 영어로 수업하는 교양 수업들을 찾아보던 중, 눈에 띄는 수업이 있다. 바로 체육학과에서 열리는 '현대인의 체력관리'…! 와, 안 그래도 내 체력이 남들보다 너무 안 좋은 것 같아 고민이었는데, 꽤 구미가 당기는 내용이었다. 설마 시험으로 운동을 시키지는 않겠지…? 혹시 몰라서 수강 후기를 꼼꼼히 찾아보니 일단 그건 아닌 것 같다. 학점도 잘 주시고 수업이 재미있다는데, 한번 들어볼까…? 전공도 아닌 호기심에 선택한 교양 수업을 위해 샀던 『Concepts of fitness and wellness』라는 교재는 2022년인 지금 아직도 내 방 침대 옆에 있다. 그리고 한 번씩 꺼내서 열어보기도 한다. 이 내용이 이렇게 나의 커리어의 시작이 될 거라는 사실을 그때는 상상도 못 했지만, 그때 들은 수업 내용은 꽤 흥미로웠다. 특히 수업 내용 중에 "매일 숨이 차게 10분씩만 움직여도 운동 효과가 있다"는 내용은 나에게 매우 솔깃했다. 체력을 키우려면 운동을 해야 한다는 건 저질 체력으로 고생한 고등학생 때부터 줄기차게 들어온 말이었다. 아니, 솔직히 그걸 누가 모르겠나. 문제는 운동을 하기가 싫기도 하지만, 어떻게 무엇부터 해야 할지조차 막막해서 시작하기가 어렵다는 거 아니겠나. 그나마 차 없는 뚜벅이 대학생이라 강의실을 옮겨 다니면서 걷는 것 정도가 당시의 나에겐 운동이랍시고 한 거였다. 그러나 체력이 좀 안 좋아서 그렇지, 사지 멀쩡하고 특별한 질병도 없는 나에게 그 정도 걷는 것으로는 '숨이 찰 만큼의' 운동이 되기엔 부족했다. 이런 내 마음을 어떻게 아셨는지, "하루에 3번 3분 이상 양치해야 하지만 그렇게 하는 사람 많지 않고, 그렇다고 다 충치가 생기는 건 아니지 않으냐, 운동도 마찬가지로 하루에 10분이라도 제대로 움직이면 확실히 도움이 된다"고 말씀하시는 교수님의 설득에 나는 점점 빠져들기 시작했다. 아마 그때 이어서 교수님이 하루 10분 운동 수업 같은 걸 파셨으면 아마 그 자리에서 바로 샀을지도 모른다.

다행히(?) 교수님이 뭘 팔진 않으셨다. 대신 나의 삶에 나비효과와 같은 큰 변화의 시작이 된 제안을 하나 하셨다. 바로, "여러분이 따로 운동을 안 하고 있다면 이 수업을 올 때 걸어서 오는 게 어떻겠냐"는 것. 내가 다닌 부산대학교는 금정산이라는 웅장한 산 입구에 지어져서, 맨 아래인 정문부터 오르막길로 시작하는 곳이다. 그리고 이 수업을 하는 건물, 경암체육관은 학교 꼭대기에 있었다. 이 점은 내가 이 수업을 고른 이유이기도 한데, 당시 내가 살던 기숙사인 웅비관 역시 학교 꼭대기에 있었기 때문이다…! (같은 높이에 있는 곳의 수업을 들어야 돌아올 때 힘들지 않을 테니…) 캠퍼스가 워낙 크고 경사도 높다 보니, 학교 앞 지하철역부터 해서 캠퍼스 내부를 순환하는 순환 버스가 있다. 보통 내가 정문에서 기숙사까지 걸어 올라가는 경우는 놀다가 버스가 끊긴 경우밖에 없었다. 그런데 기숙사까지 걸어 올라가는 것이 운동 효과가 있다니…. '운동을 하긴 해야겠는데…' 생각하고 있던 나에겐 솔깃한 조언이었다. 일단 확실한 건 여길 걸어 다니려면 구두는 절대 못 신고 다닐 것 같은데, 그래도 더워지기 전까지는 해볼 만하지 않을까 싶었다.

처음으로 작정하고(?) 기숙사를 걸어 다니기 시작한 날. 분명 아침저녁으로는 아직 쌀쌀한 날씨였는데 기숙사에 도착하니 땀이 흐르고 숨이 찼다. 겨드랑이와 등, 가슴팍이 땀에 젖기 시작하고 화장은 번지고 머리는 엉망이 된 느낌. 그 전까지는 이런 느낌이 싫어서 숨이 차지 않을 만큼만 천천히 걸었다. 그런데 '내가 의도해서' 한 활동으로 인해 몸에 열이 나고 숨이 가쁜 느낌은 왠지 다르게 느껴졌다. 나는 조금만 움직여도 땀이 쉽게 나서, 땀에 옷이 젖는 게 너무 싫었는데, 똑같은 땀인데도 왠지 개운한 기분이었다. 그리고 왠지 모를 뿌듯함마저 느껴졌다. 와, 내가 자발적으로 운동을 했다니! 운동 후에 느낀 작은 성취감은 생각보다 기분이 좋았다. 똑같은 컨디션인데, '어휴 힘들어 죽겠네!'라는 생각으로 샤워할 때와, '와, 나 오늘 운동했다!'라는 자부심(?)으로 샤워할 때의 개운함은 다르다는 걸 조금씩 알게 됐다. 물론 급할 땐 버스를 타기도 했지만, 시간이 허락하는 한 나는 산꼭대기 기숙사를 열심히 걸어 올라다녔다. 모든 하루 일정을 마치고 걸어 올라갈 때는 오히려 더 씩씩하게 걸어 올라가며 숨이 차고 땀이 나는 과정을 즐기기도 했다.

힘든 만큼 뿌듯함도 커진다는 걸 몸이 먼저 터득해 가고 있었다. 그렇다고 무리하지는 않았다. 애초에 내 수준에선 견디기 힘들만큼의 강도까지 할 줄도 몰라서, 그때의 나는 적당히 힘든 중간 강도로 운동했던 것 같다. 안 피곤하자고 하는 운동인데, 피곤해지도록 운동을 한다는 건 애초에 생각조차 하지 않았다. 내가 운동을 하는 게 어디야. 나는 그것만으로도 충분히 나 자신이 정말 기특했다.

‖ 누구나 걸음마부터 시작한다

아마 이걸 '운동이라고' 하는 모습을 '찐 운동인'이 보았다면 혀를 끌끌 찼을지도 모른다. 하루 10분 그거 걸어 다니는 것은 운동이 아니라 그냥 '활동'이라며, 운동으로 쳐주지 않을지도 모른다. 사실 다이어트를 한다거나 근육을 만들 목적으로 운동을 한다면 이 정도 운동량은 턱없이 부족할 수도 있다. 효과가 '아예 없는 것'은 아니지만, 원하는 목표를 이루기까지 변화 속도가 너무 느려 지루하거나 지칠 수 있다. 하지만 몸을 조금 더 건강하게 만들고, 운동 습관을 들이는 관점에서는 오히려 이런 '미미해 보이는' 시도가 꾸준히 지속할 수 있어, 결과적으로는 훨씬 더 효과적일 수 있다. 나 혼자만 뿌듯하고 기분 좋으면 그만이다. 지속 가능성에 있어서는 오히려 남이 강요해서 하는 효과적인 고강도 운동보다 내가 자발적으로 해서 즐거운 것이 더 중요하다.

많은 사람이 나이를 먹을수록, 특히 30대가 지나면서 급격한 체력 저하를 느끼고 운동이 필요하다고 느낀다. 하지만 막상 퇴근하고 나면 너무 피곤해서 아무것도 하기가 싫다. 특히 야근이나 회식이라도 한 날은 커녕 씻는 것도 귀찮아서 제발 누가 화장 지워주는 기계 좀 개발해 달라며 한탄을 하는 마당에 운동은 택도 없는 소리다. 물론, 극소수의 사람들은 다음 날 아침에라도 운동을 하니 '불가능'하다고 볼 수는 없지만, 솔직히 일반적인 사람들에게는 굉장히 어려운 것이 사실이다. 그리고 나 또한 그러한 '일반적인' 사람이었다. 운동하긴 해야겠는데, 내가 생각하는 운동은 너무 힘들고 시간도 많이 내야 하고, 일단 제일 어려운 건 '뭘 해야 할지' 결정하기 어렵다는 점이었다. 그렇다면 이런 사람들은 어떻게 운동을 할 수 있을까? 바로, 조금 힘든 활동부터 시작하는 것이다. 기왕이면 일상에서 '할 수는 있지만 망설여지는 강도'의 활동이면 더 좋다. 지하철에서 에스컬레이터 대신 계단을 이용하거나 평소 계단을 이용하고 있었다면 두 칸씩 올라가 보거나(단, 사람이 붐비지 않을 때만!), 평소보다 걸음 속도를 더 빠르게 해보는 등의 방법이 있다. 중요한 건 최소한 '몸이 더워지고 숨이 조금 차는', 조금이라도 과부하를 주는 강도여야 한다는 것이다. 그리고 그걸 꾸준히 하다 보면 어느 순간 그 활동이 이제는 처음처럼 힘들지 않다. 그럼 그때부터 전보다 조금 더 과부하를 주기 시작하는 것이다. 그렇게 오르막길 10분 걷기부터 시작한 나는 10년 뒤인 지금, 산에서도 20km 거리를 달린다.

운동은 몸에 인위적인 스트레스를 가하는 일이다. 그렇게 스트레스를 받은 후 휴식하는 과정에서 점차 몸이 적응하면서 체력이 강해진다. 따라서 일단 '운동'이라고 하면, 지금보다는 '조금 더' 힘든 활동이어야 한다. 나를 예로 들면 다음 수업을 위해 강의실을 옮기려고 걷는 것은 그다지 망설여지지 않았지만, 수업이 끝나고 기숙사까지 걸어 올라가는 건 기왕이면 버스를 타고 싶은 일이었다. 여기서 더 나아가 맨 아래인 정문에서 1km를 걸어가야 하는 기숙사까지 올라가는 건 '불가능'하진 않지만 하고 싶지는 않은 일이었다. 아마 이 이상의 강도로 운동했다면 체력은 더 빨리 좋아졌을지도 모르겠지만 아마 내가 절대 안 했을 거다. 아니, 못했을 거다. 토플 시험 준비와 학점 관리로 바쁜 학기를 보내던 내가 감당할 수 있는 스트레스는 그 정도가 한계였다. 그리고 그 한계를 넘지 않았기 때문에 꾸준히 할 수 있었다. 대부분 사람들, 그리고 일부 초보 운동 지도자들도 운동 계획을 세울 때 이 부분을 간과한다. '지금 나(혹은 회원)의 현 상황에서 얼마나 지속할 수 있는 강도인가?'

그리고 간과하기 쉬운 또 한 가지가 바로 '흥미'다. 좋은 운동 지도자가 되기 위해 사람들에게서 반드시 이끌어내야 하는 부분이기도 하다. 물론 우리가 일반적으로 건강을 위해 해야 하는 운동은 지루하고 힘들어서 처음부터 그 자체로 재미를 느끼기 어렵다. 나도 운동 삼아 기숙사를 걸어 올라다닐 때, 필수품은 신나는 음악을 들을 수 있는 이어폰이었다. 그래서 항상 이어폰을 들고 다녔지만, 가끔 이어폰을 깜빡하고 안 챙겨온 날은 무조건 버스였다. 막상 올라가고 나면 뿌듯하고, 또 따지고 보면 엄청난 고강도도 아니었지만 내 몸은 그런 강도의 활동에 아직 익숙하지 않았기 때문에 좋아하는 음악이 꼭 필요했다.

사실 재미있게 하자면 배드민턴이나 축구, 탁구 등 경쟁 요소가 들어가는 운동들이 훨씬 나을 수 있다. 하지만 이런 운동들은 엄밀히 말하면 '스포츠'이며, 스포츠는 신체를 단련하는 것보다는 즐거움을 추구하는 것에 목적을 둔다. 그래서 건강 증진에 가장 직접적이고 빠른 효과는 달리기, 수영, 저항성 운동(일명, 헬스로 통용되는 운동들), 요가나 스트레칭 등 신체를 단련하는 운동을 하는 것이 가장 좋다. 하지만 도저히 흥미가 안 생겨 꾸준하게 하기 힘들다면 일단은 꾸준히 하기 쉬운 스포츠부터 시작해 보는 것도 좋다. 일단 몸을 움직인다는 것만으로도 긍정적인 효과가 나타나고, 몸도 관성이 있어서 일단 몸을 움직이는 것이 익숙해지면 다른 운동을 시작하기가 처음보다는 좀 더 수월하기 때문이다. 단, 스포츠는 부상의 위험이 더 커서 처음부터 너무 격렬하게 하지 않도록 주의해야 한다. 특히 체력이 약한 상태에서 부상을 입으면 회복도 늦어져 오히려 운동하기가 더 힘들어질 수 있으므로 더욱더 주의가 필요하다. 그래서 내가 가까운 사람에게 추천한다면 건강을 위해서는 가급적이면 빨리 걷기나 달리기, 수영, 저항성 운동 등을 좋은 음악과 함께하거나 가까운 사람과 함께하면서 흥미를 느꼈으면 한다. 일단 이러한 종류의 운동이라면 어떤 운동부터 할지는 크게 중요하지 않다. 어차피 건강을 위해 우리는 평생 몸을 움직여야만 한다. 이는 단순히 운동에 대한 나의 신념이 아니라 과학적인 사실이다. 어차피 평생 해야 하는 운동이고, 그것도 한 가지 운동만이 아니라 여러 가지 운동을 해야 하기 때문에 뭘 먼저 하느냐는 큰 의미가 없는 것이다. 일단은 내가 움직이는 것을 싫어하지 않는 것이 가장 첫 번째 목표다. 운동을 하다가 질렸다고? 다른 운동을 하면 된다. 실력을 쌓으려면 싫어도 꾸준히 해야 하지만, 우리가 운동을 하는 건 실력을 쌓기 위해서가 아니라 일단 건강하고자 하는 거다. 난 수영을 시작한 지 10년이 다 되어 가는데, 꾸준히 배운 기간이 길지 않아 접영까지 배우다 만 실력에 머물러 있다. 그럼 뭐 어떤가, 내가 수영 선수도 아니고 그냥 수영하고 싶을 때 수영장 가서 수영할 줄만 알면 되는 거다. 여유가 생기면 그때 또 이어서 배우면 된다. 처음 시작한 오르막 걷기 운동도 그것만 대단히 오래 하지는 못했다. 봄 학기 동안 열심히 기숙사를 걸어 올라다녔지만, 학기가 끝나가며 여름이 찾아오니 도저히 그 길을 걸어 다닐 엄두가 나질 않았다. 아마 그때 체력으로 그 더위에 걸어 다녔으면 난 아마 역시 운동은 너무 힘들다며 운동 자체를 포기했을지도 모른다. 물론 여름에도 운동은 꾸준히 하긴 해야 할 텐데, 그때 내가 알고 있는 실내 운동 시설은 헬스장 아니면 수영장이었다. 사실 당시 나에게 좀 더 필요한 운동은 저항 운동이었을지도 모른다. 기숙사를 오르내리면서 심폐지구력은 꽤 길러졌을 테지만 근육량이 한없이 부족한 말랑이 몸이었다. 그러나 당시 나에게 헬스장은 '남자만 가는 곳'이었기 때문에 단 1초도 고려해 보지 않고 아웃. 반면에 수영은 전부터 물놀이 갈 때마다 수영을 잘하면 좋겠다는 생각을 하곤 했으니 이미 '흥미'까지 가지고 있다. 그렇게 내가 처음으로 '돈 주고' 배우기 시작한 운동은 바로 헬스가 아닌 수영이었다. 그때 내가 수영을 하지 않았다면 다른 운동을 했을까? 글쎄…. 사람이 당장 죽을병이 아닌 이상 운동에 대한 열정이 그렇게 쉽게 생기지 않는다. 대부분의 사람이 꾸준하게 운동하기가 힘든 건 게을러서가 아니라, 그냥 평범한 사람이어서 그렇다. 그러니 꾸준하게 운동을 하려면 자신이 좋아하고 끌리는 걸 하는 게 그나마 포기 안 할 가능성이 크지 않겠는가. 우리가 지금 대학 전공이나 직업 고르자는 것도 아니고, 당장 무조건 해야 하는 운동이 있는 게 아니면 신체를 단련하는 운동 중 그나마 재밌게 할 수 있는 걸 하자. 그러다가 재미없으면 딴 거 하지 뭐!

‖ Tip. 체력을 키우고 싶다면서 왜 헬스만 하세요?

내가 PT를 하면서 만난 여성 회원들이 가장 많이 이야기한 '운동의 목적'은 의외로 다이어트보다는 체력이 더 많았다. 그래서 난 기뻤다. 아주 좋은 방향이다. 이제는 모든 여성이 다이어트를 위해서만 운동하는 시대는 지나갔다. 그리고 체력을 키우는 가장 좋은 방법은 바로 운동이 맞다. (물론 여기에 규칙적인 식사와 휴식도 포함!)

그런데 체력을 키우겠다는 사람들 대부분이 일단 헬스장에 먼저 가고, 그곳에서 '근력 운동'을 주로 배운다. 물론 근력 운동도 체력 향상을 위해 반드시 배워야 하는 것은 맞는데, 대부분 근력 운동'만' 위주로 한다. 헬스장이 주변에 가장 많기 때문일까…? 필라테스는 헬스보단 체력을 덜 키워주나? 달리기나 요가로 시작하면 안 되는 걸까?

체력 향상을 하고 싶은데 '헬스'만 하는 건 마치 대학을 잘 가고 싶은데 수학 공부만 하는 것과 같다. 보통 경쟁이 치열한 대학에 합격하려면 수학도 잘해야 하고 국어도 잘해야 하고 영어, 사회, 과학 등 다양한 과목을 공부해야 한다. 마찬가지로 체력을 키우고 싶다면 건강 체력 5가지 요소(근력, 근지구력, 심폐지구력, 유연성, 신체조성)를 모두 향상해야 한다. 그리고 각 요소를 발달시키는 데 유리한 운동들은 따로 있다. 따라서 우리는 각자 개인에게 부족한 요소가 무엇인지 이해하고, 그것을 채워줄 수 있는 운동에 좀 더 시간을 투자할 필요가 있다.

🚶 근력: 내 근육이 낼 수 있는 힘

 가장 흔하게 시작하는 운동인 '헬스'로 향상시킬 수 있는 체력 요소이다. 사실 '헬스'라는 종목은 없고 정확히 말하면 '중량을 가지고 하는 운동', 근력 운동이다. 집에서 영상을 따라 하는 홈트레이닝도 대부분이 근력 운동에 속한다. 필라테스도 강도의 차이는 있지만, 근력 향상 운동에 속한다. 이런 '근력 향상' 운동들은 밀든 당기든 들어 올리든, 일정 횟수를 수행하며 '힘'을 기른다.

 이런 운동을 '저항성 운동'이라고 부르기도 하는데, 우리는 항상 힘에 대해 저항하고 있다. 중력이 우리를 바닥으로 끌어당겨 한없이 누워 있고 싶지만 우리는 하체 근육과 척추기립근의 힘으로 중력에 저항하며 무거운 머리를 위로한 채 바닥을 딛고 꼿꼿하게 서서 직립 보행을 한다. 더 큰 힘에 저항하는 연습을 할수록 우리의 근육은 더 강해진다. 그래서 그렇게 무거운 쇳덩이들을 머리 위까지 들어 올리고, 양팔과 발끝으로만 바닥을 딛고 몸통을 밀어 올리는 푸시업을 하고, 철봉에 매달려 내 몸을 끌어당기는 등 각종 저항을 주며 운동을 하는 거다. 근력이 부족하면 무거운 택배 박스나 장바구니를 스스로 옮기지 못하거나 본인의 체중조차 버거워 계단을 오르는 것도 너무 힘들다. 중력에 저항하며 계단을 올라가는 것조차 버거운데 아파트보다도 높은 산에 올라간다는 건 있을 수도 없는 일이다.

 자 그럼, 근력 운동으로 하체 근력을 키우고 나면 깊은 땅속을 달리는 지하철 6호선에서 내려 출구까지 계단으로 한 번에 올라갈 수 있을까? 음…, 운동을 하기 전보단 낫겠지만 근력 운동만으로는 부족하다.

🚶 근지구력과 심폐지구력: 근육과 심장, 폐가 높은 출력을 버티는 힘

 헬스를 해서 더 힘센 다리를 만들었는데, 천국의 계단처럼 끝없이 이어지는 계단은 왜 아직도 이렇게 힘이 든 걸까? 그 이유는, 긴 계단을 오르려면 내 체중을 들어 올리는 근력도 필요하지만, 그 동작을 지속하는 근지구력, 그리고 그 시간 동안 충분한 혈액과 산소를 공급하는 심장과 폐의 심폐지구력은 근력 운동만으로 길러지진 않기 때문이다.

 근력 운동은 한 세트가 길어야 1~2분 안에 끝난다. 심장과 폐, 근육이 오래 버틸 필요가 없다. 지하철에서 무거운 배낭을 메고 거뜬히 일어나는 것은 근력의 영역이다. 하지만 이제 그걸 들고 한 걸음 한 걸음 계단을 '연속해서' 오르는 것은 '지구력'의 영역이다. 한 칸을 살짝 올라가는 데 필요한 건 '근력'이지만, 이제 그걸 '오래' 지속하는 힘은 '근지구력'이고, 이때 에너지원을 계속 태울 수 있도록 산소를 빨아들여 공급하는 힘은 폐와 심장의 지구력, 즉 심폐지구력이다. 근력 운동으로 마동석처럼 엄청나게 크고 강한 근육을 가졌다 하더라도, 심폐지구력 훈련이 없다면 장거리를 장시간 이동하는 것은 상당히 어려운 미션이 될 것이다.

🚶 유연성: 근육이 늘어날 수 있는 범위

체력 요소 중 어쩌면 가장 대접을 못 받는 요소가 바로 이 유연성이 아닐까 싶다. 대표적인 유연성 향상 운동은 요가와 스트레칭인데, 근육을 수축하기보단 이완하는 동작들이 대부분이다. 그렇다 보니 유연성이란 요소가 '힘'이나 '강한 체력'과는 왠지 안 어울리는 것 같지만, 사실 유연성은 근육이 힘을 쓸 때 근육의 협응을 위해서 굉장히 중요한 요소다. 우리 몸은 한쪽이 수축하면 한쪽은 이완하게 되어있다. 예를 들어, 팔을 앞으로 구부려 이두(알통)가 튀어나오게 해보자. 그럼 반대쪽 삼두(팔뚝쪽 근육)는 늘어난다. 단편적인 예이지만, 모든 근육은 최소 한 개 이상의 근육과 연관되어 유기적으로 움직이기 때문에 한 근육이 충분히 늘어나 주지 못하면 그 근육과 협응하는 근육 또한 움직임에 제한이 생긴다. 발목이 뻣뻣해서 스쿼트 자세가 안 나오거나 허벅지 뒤쪽 근육이 뻣뻣해서 데드리프트를 할 때 허리가 굽는 것도 이런 예이다. 그리고 협응 관계에 있는 근육 중 어느 한 근육이 충분히 늘어나 주지 못하고 뻣뻣하게 있다면 나머지 다른 근육들이 '무리한' 일을 하게 되고, 이러한 순간들이 쌓이며 어느 순간 부상으로 이어진다. 그래서 '부상 방지'를 위해 스트레칭을 해주라는 말이 있는 것이다. (물론 단순히 스트레칭만 한다고 모든 부상을 예방할 수는 없다는 것도 알아두자.)

🚶 신체조성: 건강한 몸을 유지할 수 있는 신체의 조성

인바디를 떠올렸다면 그건 사실 체성분 측정기 회사 이름이지만 그렇게 생각해도 무방하다. 적당한 양의 체지방과 근육량인 '신체조성'이 바로 건강 체력의 5가지 요소 중 한 가지다. 다이어트의 90이 식사라면 체력 향상의 90은 운동…이라고 굳이 라임을 맞춰 보고 싶지만, 사실 숫자만으로 중요성을 표현하는 건 무의미하다. 당장 운동이 살을 빠르게 빼주는 것은 아니지만 장기적으로 꼭 필요하듯이, 적절한 신체조성을 유지하는 것 또한 장기적으로 좋은 체력을 유지하는 데 꼭 필요하다. 신체조성에 가장 직접적인 영향을 주는 것은 우리가 입에 넣는 것들이다. 건강한 식생활은 단순히 다이어트만이 아니라, 체력을 향상시키고 유지하기 위해서도 평생 이어가야 하는 습관이다.

이렇게 세상엔 다양한 운동이 있고, 운동마다 효과적으로 향상시키는 체력의 요소가 다르다. 한 운동을 집중적으로 할 때 다른 체력 요소에도 간접적인 영향을 주긴 하지만 아주 좋아지진 않는다. 수학을 아주 잘하면 과학을 잘할 가능성도 커지지만 영어 점수가 오르진 않는다. 마찬가지로 웨이트 트레이닝만 하게 되면 근력이 좋아지고 근지구력도 어느 정도는 좋아질 수 있지만, 심폐지구력이 좋아지진 않는다. 한 가지 운동만 하는 것이 백 프로 틀린 건 아니다. 간혹 한 가지 과목을 유독 잘해서 특별 전형으로 대학을 가는 경우도 있지 않은가? 운동의 경우 그런 사람들을 '엘리트 선수'라고 부른다. 선수를 하고 싶은가? 그게 아니라면 한 가지 운동만을 고집할 필요가 없고, 체력 향상에 효과적이지도 않다. 건강을 위해 '편식'하지 말아야 하듯이, 운동도 '편운'하지 말고 골고루 하는 것이 건강한 체력을 만드는 길이다.

Chapter 2.
외모

- 누가 뭐라 하든 가장 강력한 동기부여
- 당신의 몸을 '조각'해 드립니다
- 바디프로필, 꼭 안 찍어도 돼

누가 뭐라 하든 가장 강력한 동기부여

사람들이 날 예쁘게 안 봐줄 것 같다는 생각,
근데 그건 내가 날 예쁘게 안 봐서 그런 거야
사람들이 날 예쁘게 안 봐서 그런 게 아니라.
더 이상 어떻게 예쁘니?

– 이효리

나도 언니처럼 예뻐지고 싶어요

내 체형은 딱 우리 엄마를 닮았다. 상체는 마르고 하체는 튼실한 체형. 이게 건강에는 더 좋다고 하는데, 안 그래도 태생이 저질 체력인데 그나마 체형이라도 건강하게 태어나서 다행인 걸까? 지금이야 튼튼한 나의 다리를 사랑하지만, 나는 사춘기 때부터 다리가 항상 콤플렉스였다. 상체는 그래도 날씬한 편이었는데, 사춘기를 지나면서 엉덩이부터 허벅지에 집중적으로 살이 붙기 시작했다. 표준 체중을 가진 대부분의 여자가 거울을 보며 자신이 뚱뚱하다고 생각한다는데, 내가 딱 그랬다. 맥주병으로 종아리를 열심히 밀어보기도 하고, 샤워하고 나오면 항상 다리야 얇아져라 기도하는 마음으로 다리에 로션을 바르고 열심히 마사지하기도 했다. 물론 그런다고 다리가 얇아질 리가 없지. 성인이 되면서 긴 교복 치마에서 탈출한 나는 '비율' 좋아 보이는 코디법을 배워서는 바지든 치마든 무조건 무릎에서 한 뼘 이상 올라가게 입었다. 여름에는 무조건 핫팬츠, 한겨울에도 미니스커트를 입고 운동화든 단화든 무조건 굽 높은 걸 신어 길고 얇아 보이려 애를 썼다. 그 당시에는 유튜브가 이렇게까지 활성화되지 않았는데, 아마 그때 지금처럼 유튜브에 운동 영상들이 넘쳤다면 어땠을까? 아마 내 알고리즘은 온통 '젓가락 다리 만드는 운동', '10분 만에 허벅지 살 박살 내기' 이런 영상들로 가득 찼을 게 분명하다.

물론, 부위별 살 빼기는 불가능하다. 피하지방과 근육에 탄력이 생겨 조금 더 얇아 보이거나 탄탄해 보일 수는 있지만, 단언컨대 다리 운동을 한다고 절대 다리 살만 빠지지 않는다. 그리고 이제는 많은 사람이 피트니스와 건강에 관심을 가지며 이러한 사실을 대부분 알고 있는 것 같다. 그런데 도대체 왜?! 인터넷에서는 '이 운동으로 젓가락 같은 다리 만들어요'와 같이 '부분 살 빼기가 가능한 듯한' 제목의 영상이 그렇게 인기 있는 걸까? 단순히 그냥 그 운동이 쉽고, 따라 하기만 하면 되는 점이 편해서, 혹은 영상에 나오는 음악이 좋아서 틀어놓고 운동하는 경우도 있겠지만, 그러한 영상의 인기 비결 중 하나는 그들이 '예쁘고 날씬하다'는 것 아닐까? 인간은 시각을 통해 대부분의 정보를 받아들인다. 예쁘고 날씬한 언니가 이 운동을 하면 매력적인 다리를 만들 수 있다고 하면 그게 맞든 틀리든 일단 고개를 끄덕이며 따라 하고 싶은 것이 인지상정이란 말씀. 정확한 정보를 전달하는 평범하게 생긴 사람의 운동 영상보다, 일단 보자마자 나도 움직이고 운동하고 싶게 만드는 운동 영상이 시청자를 '움직이게' 하는 건 더 효과적인지도 모른다. 그리고 나에게도 그런 '예쁘고 날씬한 언니'가 있었으니, 바로 마일리 사일러스였다.

마침내 교환학생으로 선발되어 독일 뮌헨에서 지내던 2014년 어느 날, 한국에서 함께 교환학생으로 온 한국인 언니 B에게서 연락이 왔다. 언니랑은 같은 건물에 살고 있었는데, 갑자기 언니 방으로 와서 같이 운동하지 않겠냐는 제안이었다. 갑자기 무슨 운동인가 싶었지만, 여느 때처럼 춥고 흐린 날씨 탓에 집 안에 머물며 심심하던 차라 언니 방으로 내려갔다. 그때 언니가 보여준 것이 바로 마일리 사일러스의 홈트레이닝 영상이었다. 얼굴도 예쁘고 옷 입는 센스도 좋았던 B 언니는 당시 나에겐 뭐든 따라 하고 싶은 대상이었다. 빵과 버터가 맛있는 독일에서 맨날 버터 브레첼을 사 먹다 보니 살이 찐 것 같다며 같이 운동하자는데, 그 말을 들으니 괜히 나도 살이 찐 것 같고, 언니처럼 예뻐지려면 나도 관리해야지 하는 생각이 들었다. 게다가 영상에 나오는 외국 언니(마일리 사일러스)도 다리가 어쩜 저렇게 탄탄하고 얇은지 당장 저 운동을 따라 하면 나도 그렇게 될 것만 같았다. 그렇게 나는 예쁜 B 언니와 함께, 예쁜 마일리 사일러스 언니가 하는 동작들을 열심히 따라 했다. 당시 독일에서는 학점을 많이 듣지 않으니 크게 바쁘지도 않고, 돈이 없긴 한국에서나 독일에서나 매한가지라 아무리 유럽이라도 매일 여행을 가지는 못했다. 그렇다 보니 그곳에서는 남는 게 시간인지라, 나는 열심히 틈만 나면 마일리 사일러스 홈트레이닝 영상을 틀고 운동을 했다. 그렇게 B 언니의 가벼운 제안으로 시작한 홈트레이닝은 나의 첫 근력 운동의 시작점이 되었다.

‖ 예뻐졌다. 매일 듣고 싶었던 말

사람은 미각, 청각, 후각, 시각, 촉각을 통해 외부의 정보를 받아들인다. 이 다섯 가지 감각 중 가장 많은 정보를 받아들이는 감각은 바로 시각이다. 운동을 하면 건강과 일상의 모습에서 수많은 변화가 일어나지만, 우리가 가장 쉽게 확인할 수 있는 변화는 바로 외모(혹은 체중계 숫자)의 변화이다. 요즘은 체중보다 '눈바디'를 더 중요하게 생각한다고 하는데, 눈바디란 겉으로 보이는 라인의 변화를 체크하는 것을 말한다. 사실 48kg 체중이나 44 사이즈 같은 것들도 단순한 숫자가 아닌, 미디어에서 아름답게 보이는 연예인의 몸무게를 대표하는 '이미지'에 가깝다.

독일에서 B 언니의 제안으로 시작한 홈트레이닝은 한국에 돌아와서도 꾸준하게 이어졌다. 그리고 어느 날, 같은 과 선배가 "너 몸이 좋아진 것 같다."라며, 혹시 운동하냐고 물어왔다. 그때만 해도 '몸이 좋아진다'는 것의 정확한 의미를 몰랐지만, 일단 어쨌든 그 선배의 질문은 대충 내가 예뻐진 거 같다는 말 같았다. (맞겠지…?) 그 선배뿐만 아니라 주변 친구들 사이에서도 "운동해서 몸이 탄탄해 보인다", "청바지가 너무 잘 어울린다." 등의 칭찬을 한 번씩 들을 때마다 부끄러워 "어머, 야 아니야~."라며 손을 내저었지만, 속으로는 어찌나 기분이 좋은지 그 날은 더 신바람이 나서 운동을 열심히 했다.

알다시피 내가 처음 운동을 시작한 계기도, 꾸준하게 하게 만든 동력도 처음부터 외모를 가꾸는 것이 아니었다. 그러나 주변 사람들이 나에게서 가장 먼저 발견한 변화는 '외모'였고, 외모에 대한 칭찬은 다른 모든 걸 다 제치고 나에게 가장 강력한 동기부여가 되기 시작했다. 열심히 다이어트를 해서 엄청나게 예뻐진 박보람이 부른 「예뻐졌다」의 가사처럼 극적인 변화까진 아니어도, 사람들이 하나둘 변화를 알아보는 것은 엄청난 자극이었다. 그 전까지 내가 알고 있는 '예뻐지는 방법'은 안경 대신 렌즈 끼는 거, 피부 좋아지는 거, 머리를 예쁘게 하는 것, 화장을 예쁘게 하는 것, 예쁜 옷을 입는 것, 살을 빼는 것, 성형하는 것뿐이었고, 이 외에는 없는 줄 알았다. 그래서 큰돈이 필요한 성형 빼고 할 수 있는 건 다 최선을 다해서 했다. (라섹 수술시켜 주신 엄마 사랑해요.) 여기서 살을 빼는 건 선택지에 없었던 것이, 그렇게 극적인 변화를 보일 수 있을 만큼 살이 찌진 않았기 때문이다. 그런데 운동으로 몸이 예뻐질 수 있다니! 그 시절 나는 SBS 드라마 『신사의 품격』에 푹 빠져있었는데, 그 드라마의 여주인공이었던 김하늘이 한 인터뷰에서 했던 한마디가 나의 미의 기준을 완전히 바꿔버렸다. "명품을 사는 것보다, 내 몸을 명품으로 만드는 것이 더 중요해요. 몸이 명품이면 뭘 입어도 명품이 되거든요."

그렇다. 옷을 잘 입는 패션 감각도 없고 명품을 살 돈도 없지만, 운동으로 예쁜 몸을 만들면 되는 거였다! 그렇게 점점 더 예뻐지고 싶은 마음에 열심히 홈트레이닝을 하다가 어느 날 우연히 GX(Group Exercise, 그룹 운동) 수업 광고를 보게 됐다. (GX란, 요가나 에어로빅 수업처럼 시간대로 나뉘어 강사 한 명과 여러 명의 회원으로 이루어지는 단체 운동 수업을 말한다.) 광고에는 예쁘고 날씬한 여자들이 마치 발레 같은 우아한 동작으로 운동하는 모습이 보였다. 심지어 위치도 자취방에서 5분 거리! 등록하지 않을 이유가 없었다. 당시 인턴십을 해서 용돈도 벌었겠다, 나는 과감하게 결제 버튼을 눌렀다.

두근두근 설레는 첫 수업. 긴장된 마음으로 들어가니, 역시 예쁘고 늘씬한 여자 선생님들이 환하게 웃으며 반겨주신다. 수업 시간 10분 전. 운동실로 들어가니 맨 앞과 옆 벽면 전체가 거울이다. 뿜뿜 솟아나는 운동 열정을 가지고 나는 거울이 제일 잘 보이는 맨 앞자리 매트 위에 올라가 조심스럽게 앉는다. 수업 시간이 되니 아까 나에게 인

사해 주신 예쁜 선생님이 들어오시고, 운동 동작들과 어울리는 음악과 함께 수업이 진행된다. 스트레칭부터 시작해서, 누워서 하는 운동, 서서 하는 운동 등 맨 앞자리에 선 나는 열심히 선생님과 거울 속 내 모습을 체크하며 수업을 따라간다. 처음으로 50분을 꽉 채워서 하는 운동이 힘들었지만, 앞에서 운동하는 예쁜 선생님을 보니 나도 열심히 하면 그렇게 예뻐질 것 같아 운동이 즐겁다. 지금은 예쁜 몸을 목표로 운동을 하지 않기에, 예쁘고 날씬한 누군가를 봐도 더 이상 나의 운동에 동기부여가 되지 않는다. 사실 엄밀히 말하면 운동을 가르쳐주는 사람이 꼭 날씬하거나 예쁠 필요는 없다. 운동 지도자의 외모는 건강 관리가 잘 되어있음을 보여주는 정도면 충분하다.

그러나 한편으로는 사람은 누구나 본능적으로 미를 추구하는 것이 당연하고, 그러한 욕망이 꼭 부끄러울 필요도 없다. 몇 달 전 나에게 PT 수업을 받던 한 여성분과 수업 후에 함께 달리기를 한 적이 있다. 나는 항상 수업할 때 특히 여성 회원에게는 '여길 하면 이렇게 예뻐진다.'라는 표현을 조심하려 하는 편이다. 그런 표현이 흥미를 유발하기는 가장 좋지만, 한편으로는 운동의 수많은 효과 중 너무 미적인 부분만을 강조하지 않아야 한다고 생각하기 때문이다. 그런데 그 회원님은 나와 달리기를 한 후 가볍게 걸으면서 이런 얘길 했다. "선생님, 사실 저는 … 예쁜 몸 만들고 싶어서 운동하는 거거든요…." 당시 그분은 크로스핏에 대해 궁금해했는데, 크로스핏을 하면 몸이 커지지 않을까 걱정이 되어 나에게 정말 그런지 물어보고 싶어 했다. 운동 지도자로서 회원에게 이런 운동을 해야 예뻐진다고, 예뻐지려면 이런 운동을 해야 한다고 말하는 건 나쁘다고 생각한다. 그건 지도자가 먼저 회원의 운동 목표를 '예뻐지는 것'으로 제한하는 거다. 하지만 자신의 건강을 해치지 않는 선에서 스스로가 원하는 모습으로 변하고자 하는 마음에 운동하는 것이 나쁜 건 아니다. 우리나라가 특별히 외모지상주의가 심하다고 하지만, 사실 아름다움의 기준이 각각 다를 뿐 미를 추구하는 건 어느 문화권이나 동일하다. 관심과 투자의 정도가 다를 뿐, 누구나 예뻐지고 멋있어지고 싶은 마음은 같고, 나도 그랬고, 지금도 그렇다. 외출할 때는 가장 예쁜 옷을 입고 싶고, 운동하러 나갈 때는 맨얼굴이지만 그래도 예뻐 보이고 싶어서 눈썹에 반영구 화장을 받고, 속눈썹 연장을 한다. 운동복은 기능도 중요하지만 그래도 예뻤으면 좋겠고, 달리기 도중 찍히는 사진도 예쁘게 나오고 싶어서 아무리 힘들어도 활짝 웃는다. 어릴 때는 '여성성'을 강조하는 것만 예쁘다고 생각했다면 지금은 밝아 보이고 행복해 보이는 모습도 예쁘게 보일 뿐이다. 이렇게 미의 기준이 바뀌어 갈 뿐이지 사람은 누구나 아름답고 싶다.

요즘은 '자존감'에 대한 관심이 높아지며, 외모에 대해 신경 쓰는 것이 자존감이 낮다는 것처럼 보이는 것 같다. 특히 여성의 '탈 코르셋 운동'의 목적으로 외적인 코르셋(예를 들면 화장, 머리 스타일, 체모 관리 등)을 거부하며 과도하게 마른 몸을 요구하는 다이어트에 대해서도 문제를 제기하는 사람도 있다. 완전히 틀린 주장은 아니다. 인터넷과 미디어에서 보여주는 이미지들은 때로는 너무 과장되고, 비현실적일 때가 많다. 그래서 나 역시 건강을 해치는 수준의 과도한 다이어트에 대해 적극적으로 반대하며, 그런 몸을 만들기 위한 '수단'으로 운동을 하는 것은 더더욱 말리고 싶다.

하지만 그렇다고 예뻐지고 싶어서 운동하는 게 나쁜 건 아니다. 물론, 운동이 주는 장점은 탄탄한 몸매 외에도 너무나도 무궁무진하다. 그러나 운동을 해서 예뻐지고 싶은 마음마저 부정적으로 보고 싶지는 않다. 그것이 자존감이 낮다는 증거라고 생각하지도 않는다.

나는 지금의 내 모습에 만족하지만, 기왕이면 할 수 있는 한 가장 예쁜 모습이고 싶다. 이런 마음도 나를 사랑하는 마음 아닐까? 사랑하는 아이에게 예쁜 옷을 입혀주고 싶은 마음이 사랑이듯이, 나에게 예쁜 옷을 입혀주고, 예쁜 모습으로 가꾸어 주고 싶은 마음도 나를 향한 사랑이다. 당시 그 좋아하던 술자리도 운동부터 하고 가고, 시험 치는 날만 빼고 매일 매일 운동을 간 것도 나를 그만큼 아끼고 가꿔주고 싶었기 때문에 가능했던 일이다. 예뻐지고 싶어서 운동을 한다고? 좋다! 대신 어떤 목적이든 간에 건강을 해치지 않도록 제대로 공부하면서 하자. 건강하지 않은 몸은 예쁘지 않으니까.

당신의 몸을 '조각'해 드립니다

> 좋은 스승은 설명하고,
> 뛰어난 스승은 증명하며,
> 위대한 스승은 영감을 준다.
>
> – 윌리엄 워드

‖ 남자의 영역이던 곳

부산대학교 맨 꼭대기에는 경암스포츠센터라는 건물이 있는데, 그곳에는 학생들이 저렴하게 이용할 수 있는 헬스장이 있다. 물론, 입학 후 5년 동안은 나에겐 전혀 쓸모 없는 혜택이었다. 도서관에서 같이 공부하다가 짬 내서 운동하러 가는 남자친구한테 잘 갔다 오라고만 했지 내가 갈 생각은 꿈에도 하지 않았던 그 헬스장. 고등학교 1학년 때 체력을 키워볼까 해서 집 근처 헬스장을 가보긴 했지만, 그때 내가 '만져보기라도' 했던 건 러닝머신뿐이었다.

내가 1년 동안 꾸준히 했던 GX 운동은 입장과 함께 선생님들이 웃으며 반겨주고, 운동하는 사람의 90%가 여자, 맨발로 입장해서 매트 위에서 모든 것을 해결했다. GX를 한 지 6개월 차쯤에는 당시 나랑 같이 살았던 친동생이 내 배를 보더니, "어…? 언니 복근 보이는 거 같아…!"라며 신기해했다. 그리고 거울을 보니 뭔가 그런 게 보이는 것 같기도 하고…? 그 후로 나도 연예인처럼 11자 복근 만들어 보는 건가 하는 기대에 더 열심히 했는데, 보일 듯 말 듯 연예인 같은 복근은 만들어지지 않았다. 사실 복근을 보려면 식단 관리를 해서 살을 조금 더 빼는 것이 더 효과적이었을 텐데, 그때 내가 그걸 알았을 리가. 그리고 이런 GX 운동은 프로그램이 계속 똑같아서, 강도가 높아지지 않는다. 처음 시작할 때는 할 때마다 근육통이 생겨서 '와, 나 운동했구나!'를 온몸으로 느꼈는데, 어느 순간부터는 두 타임을 내리 해도 처음과 느낌이 달랐다. 바로, 점진적 과부하의 원리를 적용할 때가 온 것이다. 우리 몸은 처음 운동을 하기 시작하면 힘들고 피곤하며 근육통도 생긴다. 하지만 휴식을 취하며 회복하는 과정에서 몸이 조금씩 강해지기 시작한다. 그리고 꾸준하게 할수록 같은 운동을 해도 더 적은 에너지를 사용하고, 더 빠르게 회복하여 언제부턴가 더 그 운동이 힘들지 않다. 그리고 힘들지 않다는 것은 운동 효과도 적다는 것을 의미한다. 그래서 계속 운동 효과를 보려면 운동 부하를 올려야 하는데, 다치지 않게 '점진적으로' 조금씩 올리는 것이 중요하다. 이를 두고 '점진적 과부하의 원리'라고 한다. 아마 내가 수강했던 현대인의 체력관리 수업에서 이 개념도 분명히 다뤘었을 텐데 여느 교양 수업이 그렇듯이 기말고사와 함께 홀라당 까먹어 내 머릿속에 그런 개념은 없었다. 하지만 역시 경험의 힘이 더 강하다고, 나는 점진적 과부하의 원리를 몸으로 느끼고 있었다. 그리고 운동 강도를 점점 올려야 한다던 교수님의 말씀보다 더 강력한 건 역시 남자친구의 권유였다. 혼자라면 절대 안… 아니, '못' 가겠지만, 같이 헬스장을 가보자는 당시 남자친구 말에, 나는 약간의 용기와 호기심이 생기기 시작했다.

그런데 그렇게 큰맘 먹고 입장한 헬스장은 과거 내가 있던 운동 공간과는 완전히 다른 세상이었다. 이미 각자가 자기 운동에 열중인 사람들, 그중에 남자가 90%이고, 실내 운동화를 신고 이곳저곳 옮겨 다니며 운동하는 헬스장의 모습은 나에겐 굉장히 낯설었다. 남자친구만 믿고 일단 쪼르르 따라가긴 했는데, 막상 가니 뭘 해야 할지 아무 생각이 나질 않았다. GX는 그냥 아무 생각 없이 일단 가서 선생님을 따라 하기만 하면 되는데, 헬스장에 덜렁 오니 아무도 나에게 뭘 해야 하는지 알려주지 않았다. 아무리 둘러봐도 러닝머신과 자전거 빼곤 전부 낯설기만 한 머신들 사이, GX 하던 곳과 뭔가 유사한 느낌의 거울 벽면이 보였다! 덤벨이 있는 프리웨이트 공간이었다. GX는 일단 가면 스트레칭부터 했는데…. 여기서 스트레칭을 하면 되는 건가 싶어서 다리를 쭉 들어 올리는데 지나가는 사람과 부딪힐 뻔했다. 그런 나를 보고 당황한 남자친구는 여기서 그런 거 하는 거 아니라고 핀잔을 준다. 생전 처음 만져 보는 덤벨을 들고 남자친구가 보여주는 알 수 없는 동작들을 몇 번 따라 하고 그날의 운동은 끝났다. 그렇게 나의 첫 헬스장 운동은 낯섦만 가득 안은 채 끝났고, 그 후에도 헬스장을 다시 몇 번 시도해 봤지만 딱 한 번 만져본 덤벨은 손도 못 댄 채 러닝머신만 타다가 내려와 버렸다. 헬스장은 남자친구만 따라다니면 될 줄 알았는데, 그가 없이는 헬스장에서 아무것도 할 줄 몰랐고 그마저도 당시는 장거리 커플이라 주말에만 가능했다. 그리고 머지않아 솔로가 됨과 동시에 나의 운동은 갈 곳을 잃어버리고 말았다.

그렇게 첫 헬스장에서 낯섦만 한가득 안고 나온 뒤로는, 다시 원래 다니던 GX 운동을 다닐 수밖에 없었다. 그러던 중 같은 과 선배가 나의 이야기를 듣고는 헬스가 처음일 때는 PT를 받아야 혼자 운동을 할 수 있다며 본인이 다녔던 PT샵을 추천해 주었다. PT 수업료가 학교 앞이라 그래도 저렴한 편이었지만, 그래도 학생에게 적은 금액은 아니었다. 하지만 수영부터 시작해, 일단 어떤 운동이든 처음 시작할 땐 과감한 투자가 중요하다는 걸 경험으로 배운 나는 이번에도 과감하게 인턴십을 해서 번 돈을 PT 수업에 투자했다. 나의 첫 트레이너 선생님은 구릿빛 피부에 금발 머리를 하시고 건강미가 넘쳐 보이는 여자 선생님이었다.

언제나 설레는 첫 운동 상담받으러 가는 날. 생애 첫 체성분 검사(인바디)도 해보니 새로운 세계가 펼쳐지는 것 같았다. 처음 알게 된 나의 체지방률, 근육량, 수분량 등…. 몸 관리를 잘 해왔다는 칭찬과 함께

트레이너 선생님은 나에게 A4 한 장에 식단 관리 가이드라인을 정리해 주셨다. 탄수화물, 단백질, 지방을 얼마나 챙겨야 하고, 각각 어떤 음식을 선택하면 되는지 말이다. 중·고등학교에서 가정 시간에 배웠던 5대 영양소가 이럴 때 쓰라고 배웠던 거구나 싶었다. 그냥 급식소에서 나오는 밥, 엄마가 주는 밥 먹으면 되지 이런 걸 왜 배우나 했는데, 언젠가 성인이 되어 나 스스로 나의 식사를 챙겨야 할 때, 건강한 선택을 하기 위해 꼭 알아야 하는 내용이었다. 이럴 때 쓰게 될 거라는 걸 알았다면 그때 좀 더 재미있게 공부했을까?

아무튼, 새롭게 다시 운동을 시작할 마음에 설레는 마음을 안고 나는 즉시 근처 마트로 향했다. 여태까지 장을 볼 때는 항상 세일하는 거, 맛있어 보이는 거 위주로 골랐는데 이제 한 가지 기준이 더 추가되었다. 어떤 영양소가 들었는가? 내가 먹을 음식을 더 꼼꼼하게 고르니 뭔가 연예인처럼 나를 굉장히 관리하는 듯한 느낌에 기분이 좋아졌. 그렇게 부산대학교 앞 지하 작은 PT샵에서, 나라는 헬생아(헬스+신생아) 한 명이 헬스라는 새로운 세상으로 한 걸음씩 걸어 들어가기 시작했다. PT 수업에서는 다양한 웨이트 트레이닝을 배우고, 수업이 없는 날은 내가 편한 시간에 가서 전날 배운 운동을 복습했다. 이제서야 제대로 접하기 시작한 헬스의 세계는 정말 신세계였다. 내가 이렇게 큰 힘을 낼 수 있었다는 사실, 근육 하면 복근밖에 몰랐는데 가슴에도 근육이 있고, 심지어 그걸 움직일 수 있다는 사실 등…! 운동이 끝나면 옷을 갈아입을 것도 아니면서 괜스레 탈의실로 들어가 거울 앞에서 아직 크게 달라진 것도 없는 몸 사진을 찍고 '와, 나 운동하는 여자야!'라는 뽕에 흠뻑 취하곤 했다. 아직도 핸드폰에 그때 사진이 있는데, 복근 하나 없는 몸이지만 표정은 세상 그렇게 진지할 수가 없다. 가끔 보면 가소로우면서도 귀엽고, 그때의 순수한 열정이 그리워지기도 한다.

‖ 남자 트레이너는 부담스러운데…

매 수업 설렘으로 배운 1:1 트레이닝도 10회로 끝이 나고, 나는 다시 한 번 용기를 내, 혼자 헬스장을 다녀보기로 했다. 처음엔 뭘 어떻게 해야 할지 몰라 어리바리 했지만, 이제는 나도 인스타그램에 #운동하는여자 해시태그를 쓰며 헬스장에서 인증샷도 찍어볼 거다. 그렇게 자신감을 안고 과감하게 일일권이 아닌 한 달권을 등록했다. 좋아. 자연스러웠어. 당당하게 헬스장에 들어가니, 처음엔 낯설기만 하던 머신들이 이제는 어디에 어떻게 쓰는 건지 조금은 알 것 같았다. 어떻게 쓰는 건지 모를 땐 상주하는 트레이너에게 물어보면 된다는 것도 안다. 그렇게 당당하게 물어볼 수 있었던 건, PT를 받으며 선생님이 먼저 시범 보여주는 것을 따라 해본 경험이 있기에 가능했다. 역시 자신감은 경험에서 나온다니까.

그렇게 나는 처음과는 사뭇 달라진 태도로 나는 헬스장에서의 첫 발걸음을 떼기 시작했다. PT 10회로 몸이 대단하게 발전한 건 아니었지만, 기구를 어떻게 쓰고, 이 머신으로 어디 운동을 어떻게 하는 건지 배운 것은 큰 수확이었다. PT 선생님께 배운 대로 상체 하체 나눠서 번갈아 가면서 하고, 10번 이상 했으면 무게 올리기, 그리고 마지막엔 20분 유산소 운동으로 고정 자전거 타기. 그게 나라는 헬린이가 처음 혼자 실천한 운동루틴이었다. 아, 운동 후엔 거울 앞에서 사진도 필수다. 처음엔 헬스장 거울은 너무 공개적인 장소 같아 부끄러움에 화장실로 달려가, 열심히 배에 힘을 주며 복근의 잔상을 잡아보려 애를 쓰곤 했다. 아마 그때 배에 강하게 힘주는 건 운동할 때보다 사진 찍으면서 제일 많이 했을 거다. 나의 인스타그램을 그때부터 지금까지 팔로우해 주신 분 중 그런 사진을 보면서도 지금까지 팔로우 끊지 않으신 분들께 이 자리를 빌려 감사함을 전한다.^^

아무튼, 나는 그렇게 꾸준히 헬스장을 다니며 배운 대로 조금씩 무게를 올렸다. 근력 운동, 즉 중량 운동을 하는 사람들 말로 '무게를 친다.'라고 하는데, 운동할 때 고중량을 다루거나 무게를 올리는 것을 말한다. 운동의 효과를 높이기 위해서는 앞서 이야기한 점진적 과부하가 필요한데, 맨몸 운동에서는 올릴 수 있는 중량에 한계가 있지만, 헬스를 하면 그게 가능하다. 지금까지 맨몸 운동만 해왔던 내가 헬스를 시작하며 '무게를 치는' 경험은 굉장히 색다른 경험이었다. 힘뿐만 아니라 힘을 쓸 것도 없는 운동회 때도 단체전이 아닌 이상 절대 나서본 적이 없던 내가! 이렇게 무거운 걸 밀 수 있다는 게 신기하면서도 뿌듯하고, 새로운 나를 발견하는 기분이었다.

그런데 어느 날, 나보다 훨씬 전부터 헬스를 시작해온 언니 Y가 "헬스 할 때 무게 욕심을 내면 안 된다"고 조언했다. 응…? 그냥 이렇게 계속 무게만 올리면 되는 거 아니었어…? 사람은 누구나 나아지고자 하는 욕심이 있다. 그리고 자신이 나아지고 있다는 것을 어떤 방법으로든 확인받고 싶다. 그런데 겉으로 보이는 외모나 체중에서는 즉각적인 변화가 보이지 않은 데 비해 중량은 금방금방 올릴 수 있어 '발전'이 눈에 바로 보였다. (물론 그것도 내가 초보였기 때문에 가능했다. 원래 근력 운동의 효과는 초심자에게 가장 빨리 나타난다.) 그래서 나에게는 '발전의 잣대'가 무게였는데, 그 방향이 아니라고 하니 그럼 나는 어떻게 운동을 해야 할지 혼란스러웠다. 발전의 동력이 꺼지거나 길을 잃었을 때 그 상황을 해결하는 가장 빠른 방법은 전문가의 도움을 받는 것이다. 즉, 다시 PT를 받아야 할 때가 온 것이다. 그런데 문제는 내가 다닌 헬스장에는 여자 트레이너 선생님이 없었다. 내가 트레이너 입장이 되어보니 나에게 수업 받은 회원이 다른 데서 운동하다가 다시 와도 아무 상관 없는데, 그때는 왜 그렇게 바보같이 소심했는지 원래 배웠던 선생님께 돌아가는 게 괜히 민망했다. 물론 그 헬스장에 계시던 선생님들도 내가 머신 사용법을 물어보면 친절하게 알려주셨지만, 근육 하나하나가 상당히 자기주장이 강해 보이는 남자 선생님에게 1:1로 운동을 배운다는 게 나에겐 너무 낯선 일이었다. 공대에 다녀서 남자 앞에서 부끄럼을 타는 것도 아니었건만, 내가 늘 보던 사람들과 다르게 몸이 굵직굵직한 사람은 어딘가 낯설었다. 게다가 난 항상 여자들하고만 운동하고 첫 PT도 여자 선생님께 배웠으니, 그렇게 '낯선 외양'의 남자 선생님께 배운다는 게 영 상상이 가질 않았다. 그래서 지금도 여성분들이 여자 트레이너를 찾는 이유를 나는 충분히 이해한다. 내가 수업해 줄 시간이 없어서 저기 저 남자 선생님도 아주 좋으신 분이라며 추천하려 하면 그들의 표현은 이렇다. "막 몸이 우락부락해서…. 부담스러워요…." 물론 모든 여자가 다 그렇게 느낀다는 건 절대 아니다. 뭘 잘못한 것도 아닌데 그냥 남자 트레이너를 피하는 여성의 심리가 이럴 수 있다는 것. 사실 열심히 몸을 관리한 트레이너가 무슨 죄랴. 그저 자라온 환경에서는 그런 몸을 흔하게 보기 어려워서 낯설어서 그럴 수 있으니 혹시 몸 좋은 트레이너가 이 글을 본다면 서운해하지 않기를.

그렇게 한참 고민을 하다가 마침 친한 친구 중 한 명이 그곳 트레이너와 지인이라는 사실을 알게 되었다. 왠지 친구의 지인이라니 마음속에서 낯섦이 조금 가시기 시작했고, "그 사람 괜찮다."라는 친구의 추천에 용기를 내 PT 상담을 요청했다. 그리고 이번에도 첫 상담에서 식단에 관한 이야기를 했는데, 이번에는 특별한 가이드라인이 없었다. 그냥 매일 카페에서 먹는 케이크만 줄여보자는 정도. 지난번 PT를 시작할 때는 체력 테스트 같은 걸 진행했는데, 이번 PT의 첫 수업에서는 마치 정형외과에서 진료를 받듯이 나의 자세들을 체크하고 비포 사진을 찍었다. 그렇게 시작된 나의 두 번째 PT 수업은 처음 PT를 받을 때와 느낌이 전혀 달랐다. 처음 받았던 PT는 부위별로 운동을 배우고 수업이 끝날 때쯤 꽤 땀이 많이 나고 내가 아는 그 '운동했다'는 느낌이 났다. 그런데 이번에는 첫 수업에서 스트레칭과 워밍업 루틴부터 배웠다. '스트레칭을 이렇게 오래 해야 하는 거였나? 나 지금 운동하고 있는 거 맞나?' 하는 생각이 들었다. 백 스쿼트를 배울 때도 숨을 들이쉬고 내쉬는 타이밍까지 가르쳐 주는데, 아니 안 그래도 프리웨이트는 어려운데 호흡까지 하려나 헷갈려서 내가 지금 운동을 하는 건지 심호흡을 하고 있는 건지 알 수가 없었다. 이제 막 프리웨이트도 처음 배우는 헬린이가 호흡의 중요성을 알 리가 없었다. 아마 처음 받던 PT 수업에서도 분명히 설명해 주었겠지만 그게 그렇게 중요한지는 몰랐다. 그에게 배운 수업 대부분은 프리웨이트와 맨몸 운동이었다. 그렇다 보니 강도를 빠르게 높이기 어려웠고, 처음 받았던 PT와 달리 그와 하는 수업은 땀이 아주 많이 나는 날이 별로 없었다. 그리고 어느새 시간이 흘러 10회가 끝나고 다시 애프터 사진을 찍었다. 아니 다이어트를 한 것도 아닌데 이게 무슨 의미가 있나 싶었다.

그런데 그가 보여준 비포, 애프터를 보니, 과한 c자를 그리는 허리 탓에 앞으로 쑥 내밀고 있던 배가 들어가고, 거북목 체형 때문에 앞으로 툭 튀어나온 얼굴도 제자리에 좀 더 가깝게 들어가 있었다. (쉽게 말해 나는 허리가 뒤로 휘어 오리 궁둥이 형태를 띠고 있었다. 이런 자세는 추후 허리 통증을 유발할 수 있다.) 물론, 이런 나의 허리 형태가 그 10회의 PT만으로 완전히 좋아진 건 아니고, 애초에 그런 건 불가능하다. 하지만 그 수업 이후로 나는 나에게 더 필요한 운동들이 무엇이고, 피해야 하는 운동은 무엇인지 알게 되었다. 내 몸에 대해 조금 더 알게 된 만큼 헬스장에서 무슨 운동을 더 해야 할지 스스로 결정할 수 있었다. 수업이 끝난 뒤에도 나는 혼자서 꾸준히 헬스장을 다니며 그에게 배운 운동을 연습했다. 그때까지만 해도 내가 그와 같은 분야에서 일하게 될 줄 상상하지 못했는데, 그는 지금도 내가 이상적으로 생각하는 운동 지도자의 길을 걷고 있다. 그는 보디빌딩 전국 체전 금메달이란 경력이 있지만, 보디빌딩에 머무르지 않고 요가, 달리기, 수영 등 다양한 운동을 하며 다양성을 갖춘 트레이너로 성장하고 있다. 나 또한 첫 생활체육 지도자 자격증은 보디빌딩 종목으로 땄지만, 계속해서 다양한 운동에 도전하는 이유가 바로 여기에 있다. 일반적으로 PT 수업을 해주는 선생님을 우리는 '퍼스널 트레이너'라고 부른다. 그건 바로 일괄적인 하나의 운동이 아닌 개인에게 필요한 운동을 찾고, 그 사람만을 위한 프로그램을 제공하는 역할을 하기 때문이다. 그만큼 다양한 운동에 대해 깊이 있게 알아야 하고, 몸에 관해서도 지속적인 탐구가 필요하다. 물론 그러려면 트레이너가 일하는 헬스장에서 먼저 다양한 운동이 가능하도록 갖추어 놓는 것도 필요하다. 나는 운동 지도자로서 얼마나 다양한 사람들에게 오직 그 한 사람을 위한 맞춤 프로그램을 제공할 수 있을까? 나도 처음보다는 많이 성장했지만, 배우면 배울수록 더 배워야 할 것들이 참 많다는 걸 느낀다.

‖ 헬스만 열심히 하면 정말 헬스해질까?

　대한민국에 가장 보편적으로 퍼져있는 운동시설인 헬스장. 일반적으로 헬스장에서 트레이너에게 PT를 받으면 대부분 부위별로 나누어서 운동을 배운다. 어떤 날은 하체, 어떤 날은 가슴과 삼두, 어떤 날은 등과 이두 이런 식으로 나누어서 수업한다. 그리고 PT를 받고 난 다음 날은 어김없이 딱 그 부위에만 근육통이 찾아온다. 일반 사람들에게 근육통은 안 하던 운동이나 과한 활동을 한 다음 날 찾아오는 불청객일 뿐이지만, 헬스에 맛 들인 사람은 이 근육통이 심할수록 기분이 좋다. 전혀 모르는 사람이 보면 좀 변태 같아 보일 수 있지만, 이러한 근육통이 있다는 것은 미세한 근섬유가 그만큼 많이 찢어졌다는 것이고, 적절한 영양 보충과 함께 휴식을 취하는 동안 근섬유가 회복되는데 이때 기존과 같은 상태로만 돌아가는 것이 아니라 '초과 회복'을 한다. 즉, 한마디로 기존보다 근육이 발달하고 커진다는 것. 그러니 근육량을 늘리고 싶고, 근육질 몸을 만들고 싶은 사람들은 근육통이 반갑다.

　그리고 내가 오늘 하체 운동을 하고 다음 날 어깨 운동을 하면 어깨 운동을 할 때 하체를 쓰진 않기 때문에 그동안 하체 근육을 쉬게 해주며 회복할 시간을 가질 수 있다. 그래서 근육을 크게 키우고 싶은 사람들은 부위별로 나누어서 운동하는 것이다. 이것이 바로 우리가 흔히 알고 있는 '헬스'라는 운동인데, 사실 이건 전형적인 보디빌딩 방식의 근력 운동이다.

우리는 "건강을 위해 체력을 길러야 하고, 그러려면 근육량이 많아야 한다."라는 말을 숱하게 들어왔다. 그리고 근육을 키우려면 헬스를 해야 한다고 누가 가르쳐준 건 아니지만 으레 그렇게 알고 있다. 사실 정확히 말하면 근력을 키우기 위해서는 '저항 운동', 즉 '근력 운동'을 해야 한다. 그런데 우리가 가장 흔하게 하는 근력 운동은 앞에서 이야기 한 바와 같이 '보디빌딩식' 근력 운동이다. 보디빌딩 방식의 근력 운동은 근력 향상과 더불어 '근육의 크기를 키우는 것'에 초점을 맞춘다. 어찌 보면 당연한 것이 보디빌딩은 이름 그대로 'Body(몸)'를 'Building(쌓아 올리는)', 다시 말해 몸을 만드는 운동이다. 그리고 바로 이 부분에서 보디빌딩식 근력 운동의 특별한 점이 나타난다.

우리는 일반적으로 힘을 효율적으로 사용하려고 한다. 예를 들어 옷을 가득 담은 박스를 내 키보다 살짝 높은 옷장 위 칸에 올려야 한다고 가정해 보자. 가벼운 상자라면 어깨 힘만으로 가볍게 머리 위로 올릴 수 있겠지만, 어깨 힘이 약해 머리 위까지 올릴 자신이 없다면 어떻게 해야 할까? 일단 상자를 가슴 앞까지 들어 올리고, 양 무릎을 굽혔다가 쭉 펴는 힘으로 반동을 주어 상자를 들어 올리면 된다. 이렇게 하체의 힘을 상체로 전달해서 중량을 머리 위로 들어 올리는 운동으로, '푸시 프레스'라는 운동이 있다. 그런데 보디빌딩 방식의 운동은 다르다. 몸통과 다리는 고정한 채 순전히 어깨 힘만으로 무게를 들어올려야 하고, 그마저도 어깨 자극만을 최대화하기 위해 팔을 완전히 펴거나 내리지 않는다. 대부분의 보디빌딩 방식의 운동은 비효율적인 움직임을 추구하며 근육을 최대한 지치게 하는 것이 목적이다. 그래서 다른 근육들의 개입을 최대한 차단하고, 목표로 하는 근육만을 사용하는 데 집중하며 운동을 한다. 전문용어로 '고립성 운동'이라고 하는데, 다른 근육이 도와주지 않고 오직 그 근육 혼자 힘을 쓰게 하는 것이라고 생각하면 이해가 쉽다. 예를 들어 의자에 앉은 자세에서 무릎을 펴서 종아리를 들어 올리면 허벅지에만 힘이 들어온다. 이렇게 한 근육에만 힘을 집중적으로 주면 그 근육이 집중적으로 발달한다.

보디빌딩은 왜 운동을 이렇게 할까? 그건 바로 근육을 크게 만드는 데 있어 그 방식이 가장 효과적이기 때문이다. 대부분의 운동은 하다 보면 그에 필요한 근육이 발달한다. 하지만 보디빌딩이란 운동은 근육을 만들기 위해 운동을 한다. 보디빌딩도 하나의 스포츠 종목이며, 보디빌딩 대회에서는 누가 근육들을 하나하나 분리해서 크게 키우고, 그 근육들이 잘 보이도록 체지방을 최소한으로 줄였는가를 평가한다.

하지만 앞서 언급한 '상자를 들어 올리는 상황'에 대한 예시처럼, 우리의 일상생활 움직임은 근육을 따로 사용하기보다는 각 근육이 잘 연결되는 협응력이 중요하다. 오락실을 지나다 보면 야외에 꼭 있는 펀치 머신. 여자들은 몰라도 남자들은 한 번씩은 꼭 해봤을 거다. 강력한 펀치를 날리려면 '아잉 몰라 몰라' 하듯이 팔꿈치만 까딱거리는 움직임으론 부족하다. 주먹이 가슴 옆까지 오도록 팔꿈치를 뒤로 빼 몸통을 회전시키고 반대편 팔은 당기면서 펀치를 날려야 '풀 스윙'이 가능하다.

달리기할 때도 마찬가지다. 달리기를 할 때 다리 힘만 쓰는 것 같지만 팔을 앞뒤로 리드미컬하게 잘 흔들어 주는 것은 속도 조절과 효율적인 에너지 사용을 위해 정말 중요하다. 하체의 움직임이 불균형한 상태로 장거리를 달리면 한쪽 상체도 똑같이 불균형한 스트레스를 받는다. 이러한 협응력은 보디빌딩을 제외한 다른 스포츠 수행 능력에 필수적인 능력이며, 단순히 운동을 잘하기 위해서만이 아니라 일상생활에서도 부상과 통증 예방을 위해 필요하다. 하지만 보디빌더는 근육 하나하나를 크게 발달시키기 위해 이러한 협응력을 포기해야 한다. 그래서 근육이 큼직큼직하게 발달한 '몸 좋은' 사람들이 막상 스포츠 경기에서는 퍼포먼스가 그렇게 좋지 못한 경우도 많다. 하다못해 인간의 기본적인 움직임인 달리기조차도 그들에게는 남들보다 훨씬 더 힘들 수 있다. 그렇다고 보디빌딩식 운동이 나쁜 것은 아니다. 보디빌딩과 마찬가지로 모든 스포츠 종목은 장단점이 있고, 보디빌딩이라는 종목의 선수이거나 보디빌딩을 배우고 싶은 사람들, 근육 모양을 선명하게 만들고 싶은 사람들이 그러한 운동을 하면 된다. 하지만 문제는 PT를 받는 대부분의 사람이 선택의 여지 없이 그냥 트레이너가 가르쳐주는 보디빌딩식 운동을 배우는 것에 그친다. PT를 받으러 찾아오는 사람들의 대부분이 근육량이 부족하고, 근육량을 늘리는 데 있어 보디빌딩식 운동이 효과적인 것은 사실이다. 그리고 또 멋진 몸을 만들고 싶어 하는 사람들이 많아진 것도 사실이긴 하다. 근육량을 늘리고, 근육의 라인을 선명하게 만들고 싶은 사람에겐 보디빌딩이 적합한 운동이지만,

어떤 사람들은 건강을 위해 운동을 하려고 트레이너를 찾아온다. 그러한 사람들에게 보디빌딩 방식만을 가르치는 것은 적절하지 않다고 생각한다. 하지만 현실은 헬스장 내 대부분 사람이 (아마도 선택의 여지 없이) 보디빌딩 방식 운동을 배우고, 그 방식대로만 운동한다. 젊은 청년은 물론 50대 아주머니, 아저씨, 아가씨 할 것 없이 다 보디빌딩 운동만을 한다. 물론 50대 아줌마라고 근육을 멋지게 만들지 말란 법은 없다. 그리고 일정 수준의 근력 향상을 위해 보디빌딩 운동도 분명 효과적이다. 하지만 건강에 있어 근육의 협응력이라는 가장 중요한 요소가 쏙 빠진 운동만을 배우고선, '건강을 위한' 운동이라고만 알고 있는 현실은 굉장히 안타깝다.

더 심각한 건, 보디빌딩 방식의 운동을 '가장 효과적으로' 수행할 수 있도록 고안되어 개발된 머신 위주로 운동하는 경우다. 헬스장을 조금이라도 다녀 봤거나 PT를 받아보았다면 머신 운동을 반드시 경험해 보게 된다. 그리고 PT를 받지 않았더라도 처음 헬스장에 가면 OT라고 해서 상주하는 트레이너가 1회 무료 PT를 해주는데 이때 머신 사용법을 배우기도 한다. 요즘은 머신 사용법은 인터넷에서도 영상으로 쉽게 배울 수 있어, 헬스장에 가면 많은 사람이 머신으로 운동을 하고 있다.

머신은 운동하고자 하는 근육을 가장 쉽고 효과적으로 자극할 수 있게 해준다. '잘 개발된' 명품 머신들은 그냥 밀고 당기기만 해도 근육에 자극이 효과적으로 전달 되도록 고안되었다. 머신은 사용 자세만 한 번

알면 보조자도 거의 필요 없고, 머신에 기대서 하기 때문에 코어 근육이 약해도 얼마든지 고중량을 다룰 수 있다. 중량을 올릴 수 있다는 건 그만큼 근육을 크게 키울 수 있다는 것이니, 몸을 우락부락한 근육질로 만들고 싶다면 머신만큼 좋은 게 없다.

그러나 이러한 머신의 장점을 누리려면 협응력의 향상은 물론, 관절을 안정적으로 잡아주는 일명 '속 근육'들과 코어 근육의 발달까지 포기해야 한다. 일반적으로 생각하는 '근육'이라 함은 겉으로 보이는 근육들만 생각하게 되지만, 사실 그 안에는 관절들을 안정적으로 잡아주는 근육, 장기들을 둘러싸고 있는 수많은 코어 근육들도 존재한다. 그리고 우리가 걷고, 달리고, 계단을 오르고, 짐을 들어 올리고 하는 일상적인 움직임을 할 때 이런 안정근들과 코어 근육들이 순간적으로 먼저 수축해 몸의 내부를 단단하게 해주면서 중심이 무너지지 않게 한 다음, 주**동근(겉으로 보이는 근육들)**이 힘을 쓴다.

예를 들어, 어깨 운동인 숄더 프레스는 양손을 머리 위로 올리며 수행한다. 이 숄더 프레스를 머신으로 하면 20kg은 간단하게 밀릴 수 있다. 하지만 똑같은 20kg도 프리웨이트로 하면 느낌이 확 다르다. 일어선 채로 덤벨로 양손에 10kg씩 들고 머리 위로 들어 올리려면 덤벨이 앞뒤 양옆으로 흔들리며 후들거리고, 이렇게 아무 데로나 떨어지려고 하는 덤벨을 위쪽으로 일정하게 밀기 위해 코어 근육과 안정근들이 몸을 제대로 고정해 주어야 한다. 그런데 머신으로만 운동을 하게 되면 이러한 안정근과 코어 근육이 힘을 쓸 필요가 없다. 코어는 대부분

머신 어딘가에 기대고 있고, 어차피 정해진 방향으로 밀거나 당기면 되니, 안정근들은 굳이 큰 힘을 써서 수축 방향을 고정할 필요도 없다. 이러한 편리함이 당장은 운동을 쉽게 해주지만, 장기적으로는 근육의 균형 잡힌 발달을 방해할 수 있다. 한 방향으로만 운동이 가능하니 좀 더 복잡한 움직임을 만드는 근육을 강화하기도 어렵다.

물론 그만큼 머신 운동이 안전하기 때문에 머신 운동을 적절하게 활용한다면 초보자도 쉽고 빠르게 근력을 강화할 수 있어 운동의 효율을 높일 수 있다. 하지만 나에게 운동을 가르치는 사람이 특별한 이유 없이 수업에서 머신 운동만을 주로 진행한다면 정말 질 좋은 수업을 받고 있는 게 맞는지 생각해 볼 필요가 있다. 트레이너는 회원이 약하고, 못 하는 것을 할 수 있게 만들어줘야 한다고 생각한다. 그런데 머신 운동은 프리웨이트보다 보조자의 역할이 그렇게 중요하지 않다. 우리가 'PT', 즉 퍼스널 트레이너에게 수업료를 지급하는 이유는 나의 건강하고 활기찬 삶을 위해 나에게 필요한 운동이 무엇인지를 정확히 파악해, 나에게 꼭 필요한 운동을 지도받기 위함이다. 퍼스널 트레이너가 옆에서 운동을 보조해 주고 강도 높게 머신 운동을 이끌어 가는 것도 좋지만, 그 전에 내 몸의 문제점과 부족한 점을 정확하게 진단하고 그것을 보완할 수 있는 운동 프로그램을 제공하는 것이 훨씬 더 중요하다.

다시 한 번 강조하지만, 보디빌딩이라는 종목 자체에 문제가 있는 것은 아니다. 하지만 건강을 위해서 운동을 하면서 보디빌딩 방식의 근력 운동만을 하는 것은 문제가 있다. 또한, 그렇게 해서 근육이 탄탄해 보이는 거울 속 자신의 모습을 바라보며, 그것만을 건강의 척도로 생각하는 것은 더욱 바람직하지 않다. 이 글을 쓰는 시점은 2022년 11월, 곧 새로운 한 해가 시작되고 많은 사람이 '건강을 위해' 헬스장을 찾을 것이다. 여러분의 운동 목적은 '보디빌딩'인가, '건강'인가? 혹시 PT를 받을 생각이라면 여러분의 운동목적을 처음부터 분명히 정하고, 상담을 받는 것이 좋다. 건강해지는 게 가장 중요하다면서, 동시에 누군가의 바디프로필을 보여주며 이런 몸을 만들고 싶다고 하면 트레이너는 난감해진다. 바디프로필을 찍은 몸이 반드시 건강한 것은 아니기 때문이다. 그리고 트레이너 입장에서는 건강한 몸보다는 보기 좋은 몸을 먼저 만들어주는 것이 고객의 만족도를 높이는 데도, 비포, 애프터 사진을 남기기에도 훨씬 좋다. 소수이겠지만 일부 트레이너는 보기 좋은 몸을 만드는 방법은 본인의 경험을 통해 알고 있지만, '건강한 몸'을 만드는 방법을 잘 모르는 경우도 있다. 좋은 운동 지도자를 구분하는 기준에 대해 주관적이지만 나만의 기준을 맨 끝 번외편에 정리해 두었으니 꼭 참고해 보자. 기존에 웨이트 트레이닝을 그래도 배워본 사람이라면 부상 방지를 위해 중량을 훨씬 가볍게 하고 스쿼트 대신 한 쪽 발로 버티는 런지, 데드리프트 대신 한쪽 다리로 하는 원레그 데드리프트, 양손으로 당기는 운동 대신 한 손으로 당기는 운동을 시도해 보자. 그렇게 한쪽 다리, 한쪽 팔을 이용하는 운동을 해 주면 협응력과 코어를 강화하는 데 훨씬 더 도움이 된다. 혼자 하기 어렵다면 '이런 운동들을 배우고 싶다.'라고 트레이너에게 요청하자. 이렇게 보디빌딩 방식에 갇히지 않은, 좀 더 다양한 운동을 하는 헬스를 꾸준히 한다면 우리 몸은 분명 더 헬스해질 수 있을 것이다.

바디프로필, 꼭 안 찍어도 돼

> 인생을 사진 한 장에 걸면 안 돼.
> 인생은 끊기지 않는 동영상이야.
> – 김종국

‖ 바디프로필, 그거 왜 찍는 거야?

바디프로필은 말 그대로 몸을 드러내는 프로필 사진이다. 정도의 차이는 있지만, 몸이 보여야 하므로 일반 사진들보다 노출도가 높은 편이다. 그래서 과거에는 이미지를 어필해야 하는 연예인이나 운동 전문가의 영역이었다. 그런데 몇 년 전부터 일반인들 사이에서도 바디프로필을 찍는 사람들이 늘어나며, 『2022 트렌드 코리아』에 소개될 정도로 MZ 세대를 중심으로 바디프로필 촬영 열풍이 불기 시작했다. 운동과 다이어트에 관한 관심은 예전부터 높았지만, SNS에 개인의 일상을 기록하고 공유하는 문화가 자연스러워지면서 지인들이 열심히 운동하는 모습, 그리고 결과적으로 멋진 바디프로필을 남기는 모습을 보며 이러한 유행이 자연스럽게 퍼져간 것 같다.

바디프로필 촬영 가격은 평균 30만 원부터 시작할 정도로 일반 프로필 사진보다 금액이 훨씬 비싸다. 그렇다 보니 바디프로필 촬영을 운동이나 다이어트를 시작하는 계기이자 동기부여로 삼는 경우도 많다. 일단 예약을 하고 예약금을 걸고 나면 급한 마음에 '발등에 불이 떨어져서' 운동/다이어트를 열심히 하게 된다는 것. 선명하지 않은 미래의 나의 건강을 위해 하는 운동보다 당장 앞둔 촬영 일자가 훨씬 더 강력한 동기부여가 되는 건 사실이다. 단순히 지적 능력 향상을 위해 공부를 하는 것보다 자격증이나 학위를 따기 위한 시험을 앞두고 있을 때 더 열심히 공부하게 되는 것처럼 말이다. 바람직한 습관을 만들기 위해 이런 동기부여 장치를 설정하는 것도 나는 좋은 방법이라고 생각한다. 나의 멋진 모습을 담은 프로필 사진이란 '확실한 보상'은 타이트한 자기관리와 운동에 대한 열정을 좀 더 불타오르게 한다. 사실 나를 비롯한 MZ 세대는 열심히 하는 만큼 보상받는다는 희망을 거의 잃어버렸다고 해도 과언이 아니다. 그러나 유일하게 '몸'만큼은 우리가 열심히 하는 만큼 정직한 결과를 돌려준다. 하루 이틀 만에 보이는 결과는 아닐지라도, 그래도 확실하게 노력에 대한 확실한 결과를 준다는 점에서 운동하며 내 노력이 '헛되다'는 생각을 가질 가능성은 낮은 편이다. 이런 점 때문에 많은 청년이 운동에 매달리고, 가장 가시적인 결과인 바디프로필을 향해 달려가는 것이 아닐까 하는 생각이 든다. 다만, 늘 '가시적인' 결과에는 그것만을 쫓게 만드는 함정이 있다. 바디프로필이 너무 유행처럼 번지면서 건강을 위한 운동, 건강을 위한 다이어트가 아닌 사진 그 자체가 목적이 되어버리고, 그로 인해 사진 속 모습은 멋지지만 현실은 식이 장애와 소화기계 질병, 심한 요요만 남는 경우도 많아 안타깝다. 요요의 강도는 감량 속도에 비례한다. 먹고 싶은 욕구는 억누를수록 커지고, 욕구가 너무 심해져 나의 통제를 벗어나면 식이장애가 된다. 게다가 여성은 빠르게 체지방이 줄어들면 호르몬 분비에 이상이 생기고, 각종 질병에도 굉장히 취약해진다. 그런데도 사진 속 모습으로 돌아가야 한다는 강박에 또다시 촬영 일자를 잡고, 또 그렇게 건강을 해치는 다이어트를 몇 번씩 반복하기도 한다. 분명 건강하게 다이어트를 하기 위해 시작한 바디프로필 촬영이었는데, 사진 속 내 모습에 사람들이 보내는 찬사는 진짜 중요한 것이 무엇인지 구별하기 어렵게 만들기도 한다. 사람은 누구나 다른 사람에게 인정받고 싶다. 하지만 SNS를 통해 우리는 세상의 너무 멋지고 대단한 사람들을 너무 쉽게 접할 수 있고, 그만큼 나와 남들을 비교하기도 쉬워졌다. 심지어 SNS에 보이는 모습들은 정도의 차이는 있지만, 일단은 좋은 모습을 보여주도록 가공된다. 그래서 SNS에서 보는 모습들은 언제나 실제보다 더 과장되어 보이기 쉽다. 사진 속 자신의 모습조차 조금은 과장되었다는 것을 알면서 자꾸만 다른 사람들과 비교하면서 비참해지거나 교만해지는 상황이 벌어진다. 인생에서 예쁘고 젊은 날의 모습을 멋진 사진으로 남기는 것도 정말 좋지만, 몸과 마음의 건강을 해치지 않고 즐겁게 촬영을 준비할 수는 없는 걸까?

‖ 바디프로필 찍는다면서 그런 걸 먹어?

나도 3년 전부터 1년에 한 번꼴로 바디프로필을 남기고 있다. 내 성격이 나를 드러내고 표현하는 걸 좋아해서 그런지, 사진 찍는 걸 좋아해서 어쩌다 보니 매년 찍게 되었다. 이 책에 실은 사진도 바디프로필이다. 나의 이야기들을 기반으로 하는 운동 에세이에 '지금, 여기' 있는 내 모습을 담고 싶어서 촬영을 결심했는데, 문제는 촬영을 결정하고 촬영일까지 남은 시간은 단 2주였다. 심지어 그 중간에는 내 생에 첫 풀코스 마라톤이 껴있었다. 하프가 넘는 장거리를 달리려면 최소한 전날부터 몸에 에너지가 남을 만큼 과량의 식사를 해야 한다. 쉽게 말해 체중이 늘도록 탄수화물을 먹어야 한다는 말이다. 컨디션 조절을 해야 하기 때문에 운동에 많은 시간을 투자할 수도 없다. 촬영을 할까 말까 잠깐 고민이 되긴 했다. 엄청 타이트하게 다이어트를 해…? 아니면 작년에 긴 머리일 때 찍은 사진으로 할까…? 지금 내가 책에서 하고 싶은 이야기는 엄청나게 멋진 몸을 만들라는 얘긴가? 아니면 운동으로 좀 더 행복한 삶을 살자는 얘긴가? 정답은 후자였다. 지금 내 인스타그램에 보이는 모습이 다른 사람들에게 어떻게 보일지 모르지만, 일단 작년 봄에 촬영한 사진들만큼 마른 몸이 아니다. 그때 이후로 계속 운동을 강도 높게 하면서 상체 사이즈가 커졌고, 근육이 붙으니 그 위로 지방도 붙어 타이트한 스포츠 탑을 입으면 살이 볼록 튀어나온다. 하지만 난 지금의 모습도 충분히 좋다. 그런데 촬영 날짜가 임박하다고 지금까지 해본 적 없는, 할 생각도 없었고 남에게 권하지도 않는 '극단적인' 다이어트를 해서 찍은 사진이 과연 나다운 사진일까?

여기까지 생각이 이르자, 그냥 원래 내가 하던 대로 하는 게 역시 옳다는 결론이 나왔다. 일단 술을 잠시 끊었다. 춘천마라톤 뒤풀이 자리에서조차 맥주잔에 탄 소맥 한 잔 외에는 전혀 마시지 않았다. (그 한 잔이 어찌나 꿀맛인지…. 인생 소맥이었던 건 비밀.) 이번에는 너무 바빠서 탄수화물을 충분히 소비할 만큼 운동 시간을 많이 내지 못하니 카페에서도 채소가 많은 샌드위치, 시럽 뺀 차를 선택했다. 좀 더 의식적인 식사를 위해 식사 내용을 꼼꼼히 기록했다. 나를 아는 사람들은 잘 알겠지만 나는 유청 단백질, 닭가슴살, 다이어트 도시락 같은 것들이 도저히 입맛에 안 맞는다. 솔직히 정말 나만 맛이 없는 건지 식단 관리를 하는 사람들에게 물어보기도 했다. 나는 내가 자극적인 음식을 좋아해서 싱거운 걸 못 먹나 했는데 나름 나트륨이 높은 제품도 한 끼 먹다 보면 질렸다. 아마 추측건대 간을 할 때 설탕이 아닌 대체당이 들어가서 그런 것 같다. 아무튼, 한 번씩 진짜 필요할 때 활용하기도 하지만 나는 늘 한두 끼가 한계고, 결국 내가 주문해 놓고 안 먹는 닭가슴살은 엄마가 요리에 사용하신다. 물론 양념 팍팍 넣어서 더 맛있게. 그래서 나의 바디프로필 촬영 준비는 늘 술과 과자만 빼고 일반 식사로 진행한다. 물론 과거에 이번보다 준비 기간이 좀 더 길고 운동 시간도 충분해서 체지방률도 더 낮고 근육 라인이 더 잘 보였지만, 그때도 역시 식사 제한은 없었다. 단지 과식은 좀 더 신경 써서 피했는데, 예를 들어 보쌈

정식을 시키면 양이 많아서 두 끼에 나눠 먹는 식이었다. 작년에 크로스핏을 다니며 같이 운동하는 사람들과 단체로 바디프로필 촬영을 준비했는데, 그때도 역시 이런 방식이었다. 사람들과 카톡방에서 같이 식단을 공유하며, 닭가슴살에 고구마, 단백질 셰이크, 야채들 뿐인 식단 사진들 사이, 꿋꿋하게 엄마가 차려주신 아침 밥상, 재택근무 하다가 전자레인지에 돌려 먹은 군만두, 오늘은 저녁밥 차리기 귀찮다는 엄마를 위해 배달시킨 구운 치킨 등 일상 식사를 이어갔다. 그래도 코치는 딱히 내 식단에 대해 간섭하지 않았는데, 촬영 전날, 내 인스타그램 스토리에 올라온 식사 사진을 보고는 좀 어이가 없었는지 나에게 DM을 보냈다. (DM: 인스타그램의 메신저 기능)

"와… 강릉집을 갔다고…?"

강릉집은 춘천에서 반찬이 푸짐하고 맛있는 백반집으로, 웬만한 사람은 반드시 밥 한 공기를 더 주문하게 되는 유명한 맛집이다. 하지만 난 당당하다. 왜냐면, 나는 한 그릇밖에 안 먹었으니까. 언제나 나는 양을 조절하지, 음식 종류를 제한하지는 않는다.

사실 강릉집은 러닝크루 언니와 함께 20km 달리기를 하고 간 것이었다. 언니는 밥 먹어도 되냐고 물었지만, 지금까지 늘 밥 먹으면서 다이어트 해왔고, 오늘도 어차피 밥은 먹으려고 했기 때문에 전혀 상관이 없었다. 물론 20km나 달렸다고 '먹을 자격'이 있다며 과식을 한 건 아니다. 그리고 다음 날 촬영은 만족스럽게 진행되었고, 그 전에 헬스만 하다 찍은 사진과는 또 다른 크로스핏 느낌의 멋진 사진을 남길 수 있었다. 물론, 나라고 먹어도 살이 안 찌는 사람이라 일상 식단을 지속한 건 아니다. 단지 식단 관리의 방법이 달랐을 뿐이다. 평소 먹던 음식들을 그대로 먹지만 '기록하지 않는 건 관리할 수 없기에' 식단 관리를 위해 식사를 기록하며 단백질 섭취량과 총섭취량을 확인했다. 평소에는 직관적으로 하며 조절하지만 '관리' 기간에는 좀 더 꼼꼼하게 기록하며 관리한다. 운동량에 따라 식사량을 조절해야 하는 건 누구에게나 같은 법칙이다. 하지만 양을 과도하게 줄이거나 음식 종류를 제한하는 극단적 다이어트를 하지는 않았다. 그래서 먹는 것에 대한 스트레스는 크지 않았고, 크게 억눌린 욕구가 없으니 촬영이 끝난 후에도 음식을 마구 먹을 필요가 없었다. 촬영을 준비할 때마다 나는 스스로에 대한 만족감이 가장 높았다. 충동적으로 먹지 않고, 평소에도 그렇게 많이 먹진 않지만 그래도 술을 줄이니 더 좋은 컨디션으로 더 생산적인 시간을 보내고, 좋아하는 운동을 마음껏 하며 나에 대한 통제감을 느낄 수 있었다. 즐기는 운동이 여러 가지였고, 또 운동량을 많이 늘려도 충분히 회복할 수 있는 체력이 뒷받침되고 있었기에 식사량에 있어서 약간의 여유가 있었다. (물론 그렇다고 절제가 필요 없는 것은 아니다. 무절제한 식사는 **운동선수라도 못 당한다.**) 그렇게 내가 좋아하는 운동을 마음껏 하며, 내가 원하는 모습으로 하루하루를 사는 자신이 자랑스러웠다. 촬영의 결과로 남은 사진들도 마음에 들지만, 내가 정말 맘에 든 건 '그 과정에서 자신을 스스로 컨트롤하는 나의 모습'이었다.

바디프로필 촬영은 운동과 다이어트에 대한 동기부여를 받는 데 정말 효과적이다. 하지만 이 촬영을 통해 남기고 싶은 모습, 내가 진짜로 되고 싶은 모습이 어떤 모습인가를 잊어서는 안 된다. 겉으로 보이는 모습뿐만 아니라 지금부터 앞으로의 내가 살아가는 모습으로 내면이 함께 변해가야 한다. 술과 음식을 좋아하지만 충분히 절제할 줄 알며, 음식에 과도한 욕심을 내지 않고 불필요한 음식 권유를 거절할 줄 알며, 건강을 위해 필요한 운동을 부지런하게 이어가는 성실함, 충동적이고 불규칙한 식사 대신 이성적이고 규칙적으로 식사를 관리하는 부지런함 등, 우리가 바디프로필 촬영을 준비하는 과정에서 만들고 싶은 모습은 이런 모습이 아니던가? 간혹 미디어에서 연예인들이 과도하게 식사를 제한하거나 굶는 모습, 무리한 운동과 다이어트를 감행하는 모습이 노출되고, 이러한 모습이 '자극 짤'로 유행하며 미덕인 것처럼 보인다. 사실 과거엔 바디프로필이나 보디빌딩 시합은 늘 프로들만의 영역이었고, 그들은 오직 그 목표만을 위해 식사를 철저하게 통제했다. 그런데 이 영역이 일반인에게로 넘어오면서 여러 부작용이 발생하기 시작했다. 운동은 어떻게 따라 해본다고 해도, 그들의 식단은 직장인을 포함한 일반인들이 따라 하기엔 큰 부담이다. 물론 그 와중에도 소수의 사람은 그걸 또 해낸다. 그건 정말 대단하다고 박수 쳐주어야 할 일이지만, 개인의 상황을 고려하지 않고 무작정 따라 하는 극단적인 식단 조절은 바디프로필 부작용의 가장 큰 원인이기도 하다. 전문가나 선수는 다소 극단적이더라도 어쨌든 다이어트와 관리를 하는 것에 따라 수입에 직접적인 영향을 받는다. 그러나, 일반인의 촬영은 그렇지 않다. 단지 주변의 인정, 자기만족을 위해 하는 것인데, 자신에게 소중한 것들을 포기하고 자신의 정신 건강마저 해칠 수 있는 위험을 감수하며 그 피나는 노력을 따라 할 필요가 있을까? 우리가 찍는 사진의 목적은 '판매'가 아닌, '스스로에 대한 만족'이다. 그리고 나는 그 만족의 조건이 '사진 속 이미지'에만 국한되지 않았으면 좋겠다. 사진 속 나는 활짝 웃고 있는데 그 속에는 터지기 일보 직전인 욕구들이 부글부글 끓고 있고, 속은 망가져 있는 상태라면 미래에 그 사진을 보며 '이때 참 좋았다.'라며 웃음 지을 수 있을까? 사람은 누구나 '나아지고 있다.'라고 느낄 때 행복을 느낀다. 바디프로필을 찍고자 한 진짜 이유는 결국 좀 더 멋진 내가 되고 싶고, 결과적으로 더 행복해지기 위한 것이다. 정말 빛나고 가치 있는 건 그걸 찍기까지의 과정과 성장의 모습이지, 그 사진 자체가 아니다. 먼 훗날 그 사진을 보며 떠오르는 건 악몽이 아닌 좋은 추억이어야 한다. 나 자신에게 관심을 기울이고 정성을 쏟았던 시간들, 주변의 수많은 유혹에도 중심을 잡고 나 자신의 목표를 위해 결단을 내린 순간들을 떠올리며, 앞으로도 나는 욕구와 본능을 충분히 통제할 수 있다는 자신감의 근거가 되어야 한다. 그 사진은 그렇게 내 자신감의 시각적인 근거가 되어야 한다. 그렇게 해서 찍는 바디프로필이라면, 나는 강력히 추천한다.

‖ 건강하게 바디프로필을 준비하기 위한 세 가지 원칙

🚶 1. '나'를 기준으로 목표와 기간을 정하기

바디프로필을 준비하기에 가장 적절한 기간은 사람마다 너무 달라 정해줄 수는 없다. 그러나 될 수 있으면 충분한 기간을 두는 것을 추천한다. 감량해야 할 체지방이 많은데 '몇 살 전에 꼭 찍어야 한다'는 강박에 무리한 목표를 잡을 필요는 없다. 20대 지나고 찍든 40대가 돼서 찍든 몇 살 전에 찍어야 한다는 법도 없다. 물론 같은 조건이라면 나이를 먹을수록 대사량이 줄어들어 체지방 감량이 더 어려운 것은 사실이다. 하지만 대사량은 단순히 나이만으로 결정되는 게 아니니, 내년이면 20대가 끝난다고 올해 극단적인 다이어트를 할 이유가 없다. 단, 촬영 시기는 연말연시와 같이 약속 자리가 많아지는 시기가 겹치지 않는 것을 추천한다. 바디프로필을 준비할 때는 나 자신에게 집중해야 하는데, 많은 사람을 만나면 그만큼 나의 몸에 투자할 수 있는 시간과 관심은 줄어들 수밖에 없다.

또한, 목표를 설정할 때에도 나의 현 상태, 그리고 건강 상태에 맞게 안전한 목표를 정하는 것이 좋다. 여성에게 최소한으로 필요한 체지방률은 13~15%이지만, 각자가 오래 유지해 온 체지방률에 따라 몸에서 느끼는 부담은 다를 수 있다. 나는 처음 PT를 받으면서 인바디(체성분

검사)를 측정했을 때 체지방률이 약 23% 정도였다. 이론적으로는 이 상태에서 1~2% 정도 체지방이 줄어들어도 큰 문제가 아니고 운동을 꾸준히 해왔기 때문에 PT 수업으로 하는 운동이 크게 힘들지 않았음에도 불구하고, 체지방률이 줄자 규칙적이던 생리가 많이 늦어지고 양과 기간에도 변화가 생겼다. 나는 호르몬에 매우 민감한 사람이었던 것이다. 이렇게 이론적으로는 안전한 범위지만 각자의 몸에 따라 천차만별이기 때문에 목표로 하는 체지방률은 일단은 보수적으로 잡되 몸의 컨디션 변화를 살펴보며 조정해 갈 것을 추천한다.

때로는 PT를 받는 동안 트레이너가 바디프로필 촬영을 권하기도 하는데, 운동이 다소 지루해지거나 새로운 목표가 필요할 때 바디프로필 촬영도 좋은 환기가 될 수 있다. 전문성을 갖춘 트레이너라면 그동안 나의 몸의 역사 (다이어트 경험과 현재 체지방률을 얼마나 오래 유지했으며, 호르몬에 대한 민감도 등)에 대해 공유하면 좀 더 현실적인 계획을 짜 줄 수도 있다. 단, 주의할 점은 트레이너에게 의존하고 싶은 마음에 PT를 받는 기간 내에 찍으려 무리한 일정을 잡아서는 안 된다. 기간이 넉넉하다면 운동을 배우고, 혼자도 해보다가 촬영이 다가올 때 다시 관리를 받아도 충분하다. 오히려 촬영이 한 달 정도 앞으로 다가왔을 때, 트레이너의 도움을 받으면 좀 더 효율적으로 할 수 있는 부분이 많다. 대부분 트레이너가 한 번 이상은 그러한 촬영이나 시합 경험이 있다. 그래서 특히 촬영 당일 근육을 도드라지게 만들 수 있는 운동이나 식이 관리법, 근육을 도드라지게 만드는 포징법에 대해서 그들의 팁이 굉장히 도움될 것이다.

🚶 2. 직접 공부하며 주도적으로 식단을 관리하기

앞서 언급했듯이 우리는 연예인이나 시합을 나가는 보디빌더의 식단을 따라 할 수 없고, 따라 해서도 안 된다. 우리의 진짜 목표는 살을 빼서 사진을 남기는 것이 아니라, 평생의 건강을 지킬 수 있는 건강한 식사 습관을 만드는 것이다. 그러기 위해서는 내가 나의 식습관을 알아야 하고, 내가 먹는 음식에 대해서도 알아야 한다. 따라서 나는 식단 관리의 기본은 내가 먹는 음식의 양, 영양소를 기록하는 것이라고 생각한다. 요즘은 식사 기록 어플이 굉장히 잘 나와있어서 음식과 양만 입력하면 영양 성분까지 쉽게 확인이 가능하다. 물론 이게 조금 번거롭기도 한데, 그럼에도 불구하고 왜 기록을 해야 할까?

오스트리아 출신의 저명한 경영 관리자 피터 드러커는 "측정할 수 없는 것은 관리할 수 없다."라고 말했다. 이 말은 우리의 식사관리에도 적용할 수 있다. 우리의 식사를 관리하려면 측정할 수 있어야 하고, 측정하기 위해선 기록해야 한다. 식단 관리를 할 때 사진만 찍는 경우가 있는데 사실 사진에는 열량과 영양소가 나오지 않는다. 기록은 되었지만, 측정이 불가한 기록이다. 물론 기록을 해서 나오는 칼로리, 영양소 비율이 나에게 좋은 것인지 나쁜 것인지, 어떤 걸 빼고 더해야 할지 당장 알기는 어렵다. 그래서 영양소를 공부해야 한다. 물론 과거의 조상들은 영양소에 대해 전혀 몰라도 큰 문제가 없었다. 그건 비교적 자연식품 그대로를 섭취해 왔고, 무엇이든 부족하면 부족했지 과잉인 적은 없었기 때문이다. 하지만 지금은 과잉의 시대다. 우리는 평생 음식을 먹으며 살아야 하고, 우리가 사는 세상은 자연 그대로의 음식보다는 특정 영양소에 편중되어 가공된 음식들이 훨씬 더 많다. 모르고 먹으면 특정 영양소를 과잉 섭취하기 쉬운 세상이기 때문에 알고 먹어야 한다. 영양소에 대한 지식은 이렇게 우리 삶에 밀접하게 연관되어 있어 초등학교부터 중학교, 고등학교까지 기술가정 교과 과정에 3번이나 등장한다. 물론 배웠다고 다 우리 머릿속에 남아있는 건 아니지만, 적어도 조금만 노력하면 충분히 이해할 수 있는 수준의 내용이다. 그런데 어떤 사람들은 (그대로 백 퍼센트 지킬 수도 없으면서) 트레이너가 식단을 전부 다 정해주길 바란다. 혹은 트레이너가 먼저 하루 한두 끼는 닭가슴살과 야채, 현미밥 등 제한된 식단을 먹고 나머지는 일반식을 적당히 먹으라는 가이드라인을 주기도 한다. '적당히'가 그렇게 쉽게 되는 일이었다면 애초에 살이 찌지도 않았다. 일반식의 기준도 내가 지금 탄수화물 위주로만 먹고 있느냐, 단백질 식품을 포함한 3가지 이상의 반찬으로 이루어진 식사를 하고 있느냐에 따라 그 일반식으로 영양소 섭취가 충분히 이뤄질지 아닐지가 달라질 수 있다.

조금 극단적으로 들릴 수 있지만, 나는 영양에 관한 한 배울지 말지의 선택지는 없다고 생각한다. 무조건 알아야 한다. 왜냐면 우리는 평생 먹으며 살아야 하기 때문이다. 내가 먹는 음식 중 어떤 음식이 탄수화물 위주의 음식이고, 어떤 게 단백질이 많은지 등에 대해서도 기본적으로 알고 있어야 한다. 모르더라도 인터넷에서 찾아보고 그 음식에 대해 평가할 줄 알아야 한다. 단순히 탄수화물이 많다, 단백질이 많다는 것에 그치는 것이 아니라, 탄수화물은 우리 몸에서 어떤 역할을 하는지, 단백질은 왜 필요하고, 왜 더 챙겨 먹어야 하는지, 무지방 식사가 우리 몸에 왜 해로운지 등에 대한 기본적인 지식은 필수다. 음식을 선택할 때 항상 영양소와 열량을 고려할 수는 없다. 하지만 아무것도 모르고 단순히 선호와 맛으로만 선택하는 것과 영양소와 열량도 고려하면서 선택하는 것은 같은 선택이어도 선택의 질이 다르다. 알고 한 선택은 그 결과에 대해서도 더 제대로 책임질 수 있다. 영양소에 관한 내용이 초등학교부터 해서 중학교, 고등학교까지 꽤나 나오는 것이 아니다. 국어, 영어, 수학에 비하면 대학 입학에 미치는 영향은 미미하지만, 우리가 살아가는 데 있어 꼭 필요한 지식이 바로 영양 지식이다. 새로운 지식을 배우는 건 어렵고 귀찮을 수 있다. 하지만 그럴 때 도움을 주라고 있는 사람이 우리 곁에 있는 트레이너라는 전문가이다. 물론 일부 트레이너는 영양학에 대한 충분한 지식 없이 수업하는 경우도 있다. 그런 사람이 많지는 않겠지만, 그런 경우 트레이너의 전문성을 구분할 수 있는 것도 결국 내가 어느 정도 기본적인 지식이 있을 때 가능하다. 그렇게 배움에 있어 전문가의 도움을 받을 수는 있지만, 식사를 선택하는 사람도 그것에 대해 책임지는 사람도 온전히 '나'라는 사실을 잊지 말자. 내가 제대로 알고 있어야 내 식사를 주도적으로 바꿔나갈 수 있다.

🚶 3. 나의 식습관을 돌아보기

사실 다이어트의 원리는 단순하다. 몸에서 소비하는 에너지보다 덜 먹으면 된다. 이렇게 다이어트의 성패가 섭취량에만 달렸다면 사실 영양학에 대해서 잘 몰라도 다이어트가 가능할지도 모른다. 인터넷에 찾아보면 영양 균형을 생각한 다이어트 도시락이나 맛을 더 좋게 만든 닭가슴살 가공품들이 다양하게 출시되어 말 그대로 '돈만 있으면 식단 관리하기 참 쉬운 세상'이다. 하지만 그동안 체중이 증가한 건 어떤 게 저칼로리 음식인지 몰라서, 혹은 이런 저칼로리 식품들이 없었기 때문이 아니다. 오랜 시간 동안 신체 활동이 계속 감소하고, 너무 많은 상황에서 너무 자주 필요 이상으로 먹는 날들이 오랜 시간 동안 반복되었기 때문이다. 즉, 식욕 조절이 어렵고 배가 고프지 않아도 자꾸 음식을 찾게 되는 게 단순히 내 의지력이 부족해서가 아니라는 얘기다. 게다가 음식을 먹는 것은 단순히 생존만을 위한 행동이 아니다. 음식을 먹는 것은 때로는 사회적인 행동이고, 때로는 나 자신을 위로하는 행동, 스트레스를 잊기 위한 행동이 되기도 한다. 우리의 식욕은 단순한 배고픔이 아니다. 그동안 살아온 세월과 그동안의 경험이 쌓여 우리의 성격이나 가치관을 형성했듯이, 식욕과 식습관 또한 그렇게 오랜 세월 동안 만들어진 나의 '일부'이다. 사람들은 말한다. 사람 쉽게 안 바뀐다고. 그런데 식습관에 관해서는 많은 사람이 자신의 식욕 조절 능력을 과대평가하며 단순히 섭취 칼로리만 줄이는 다이어트를 시작한다. 트레이너가 짜 준 식단을 그대로 따라 하기만 하면 살이 빠지고 몸이 만들어질 것만 같다. 하지만 식욕 관리는 그렇게 단순하지 않다. 물론, 일부 사람들은 음식에 대해 특별한 강박이 없어 그냥 트레이너의 가이드라인에 따라 큰 문제 없이 성공하는 경우도 '간혹' 있다. 특히 남성들의 경우는 단순히 정말 직장 생활을 하며 섭취 칼로리만 늘어나서 살이 찐 경우가 많고, 어릴 때부터 다이어트에 대한 압박을 받는 경우도 잘 없다. 또 한 달에 한 번씩 마치 사춘기처럼 호르몬이 급변하는 여성과 달리, 늘 평소와 같은 호르몬이 분비되어 식욕 조절도 수월한 편이다. 또한, 다이어트로 체지방이 좀 줄어든다고 몸에서 크게 유난을 떨지도 않는다. 게다가 고도비만이 아닌 이상 남성호르몬도 문제없이 충분히 분비되면서 근육량의 변화도 빠른 편이다. **(남성호르몬은 근육을 합성하게 하는 가장 강력한 호르몬이다.)** 그래서 과거에는 식사를 다소 극단적으로 제한하고 근육을 크게 만드는 보디빌딩은 남성들만 출전 가능한 종목이었다. 나는 이것이 여성 차별이라기보다 생리학적 차이를 고려한 것이라고 생각한다. 그에 비해 생물학적으로 여성의 몸은 다이어트에 있어 상당히 불리하다. 사회적으로도 어릴 때부터 남자아이보다는 여자아이가 외모에 대한 콤플렉스를 갖기 쉬운 구조여서 체지방에 대한 부정적 인식이 더 크고, 그로 인해 음식을 조절하는 것에 대해 강박을 갖고 있는 경우가 더 많기도 하다. 일부 평소 꾸준하게 운동을 해온 여성의 경우는 한 달에 한 번씩 호르몬이 격변할 때에도 그로 인한 부정적 영향을 조금은 피해갈 수 있다. 하지만 아직은 그렇지 않은 여성들이 많기 때문에 여성의 식욕 관리는 훨씬 더 섬세한 관찰과 조절이 필요하다. 이런 부분들을 모두 무시하고 단순하게 음식을 제한해 버리면 식습관이 더 나빠지기 쉽다. 여성뿐만 아니라 사람은 누구나 무언가를 금지하면 더 강하게 원한다. 그리고 원하는 마음이 너무 크거나 오래 억눌렸던 욕구일수록 한번 터지면 조절이 어렵다. 평소엔 떡볶이 1~1.5인분이면 충분히 만족했지만 억누르다가 먹기 시작하면 2인분도 부족하다. 그렇게 조절하지 못하고 '과식'을 해버린 후에는 나 자신을 용서할 수 없어 더 섭취량을 줄이거나 고강도로 운동하기도 한다. 흔히 많이 먹은 다음 날에 하는 운동을 '회개 운동'이라고 하는 우스갯소리가 있지만, 일부 사람들에게는 단순히 우스갯소리가 아닌, 정말 자신을 원망하는 마음으로 자신을 학대하는 수준의 섭취 제한과 운동으로 이어지기도 한다. 이렇게 지속적인 실패 경험이 쌓이면 결국에는 자신의 식욕 조절 능력에 대한 신뢰를 완전히 잃어버리게 된다. 일단 다이어트를 시작하면 음식에 대한 노출을 완전히 피해버리는 것이다. 그러다가 어쩌다 자신이 좋아하는 음식 앞에 노출되고 나면 모든 것을 놓아버린다. '나는 어차피 조절 못 하니까.'라는 강한 불신이 있는 것이다. 0 아니면 100으로 판단하며, '과하지 않게 조절해서' 먹는다는 선택지는 전혀 없다. 그렇게 또다시 '실패'를 해 버리고 나면 그 '좋아하는' 음식은 내 인생에서 철천지원수가 된다. 정말 큰 문제는 이렇게 한번 무너진 나에 대한 신뢰, 한번 나빠진 음식과의 관계를 회복하려면 정말 많은 시간이 걸린다는 것이다. 그래서 그놈의 치킨, 그놈의 떡볶이가 수많은 사람에게 '애증'의 음식이 되었다.

  결국은 자신의 식사를 있는 그대로 기록해 보며 언제 어떤 음식을 얼마나 과잉으로 먹고 있으며, 그렇다면 어떤 음식을 얼마나 줄이는 것이 적절할지를 고민해 봐야 근본적인 변화가 가능하다. 습관이나 성격을 고치려면 먼저 스스로 문제의식을 철저하게 느끼고, 무엇이 문제의 원인인지를 구체적으로 분석해 오랜 시간 동안 조금씩 바꿔가야 하는 것처럼 식습관도 마찬가지다. 전문가의 역할은 이 과정에서 근본적인 문제와 원인을 좀 더 예리하게 파악해 주고, 올바른 지식과 판단을 전달해 주는 것이다. 전문가의 역할은 음주량과 식사량을 줄이라는 잔소리를 하는 것이 아니다. 전문가의 역할은 회원의 식사 기록을 보고 회원의 상황에서 할 수 있는 조금 더 건강한 선택지를 알려주는 것이다. 불

필요한 섭취, 과식하는 이유에는 반드시 심리적인 원인이 포함된다. 그것을 전문가와 회원 그 자신이 찾아내고 바꿔가야 한다. 그런데 이런 근본적인 해결은 시간이 오래 걸리고, 신경도 많이 써야 한다. 하지만 누가 정해주는 대로 먹는 건 정해주는 사람도, 따라 하는 사람도 훨씬 더 쉽다. 그러나 운동과 달리 식사는 하루 최소 세 번 이루어지는 나의 삶 그 자체이다. 그걸 전부 남의 손에 맡겨버리는 건 나의 주권을 포기하는 일이다. 누군가 정해준다는 것은 그만큼 나의 선택지가 굉장히 제한되는 일이고, 제한은 더 큰 욕구를 부른다. 과잉의 해결 방법은 조절이지 제한이 아니다. 우리에게 필요한 것은 강력한 제한이 아닌 섬세한 조절이다. 당장 이를 악물고 음식을 참던지 아니면 다이어트 식품들에 최대한 의존하며 촬영까지는 잘 끝냈다고 해도, 그러한 제한들로 인해 촬영 후 폭발하는 식욕까지 막을 수는 없다. 우리는 절대로 평생 다이어트 식품만을 먹으며 살 수 없다.

이렇게 세 가지 원칙으로 나누어 이야기했지만, 결국은 모든 것은 바디프로필 촬영에 대한 모든 주도권을 내가 가지고 있어야 한다는 것을 전제로 한다. 바디프로필 촬영을 준비하는 것은 그 무엇보다 소중한 내 몸을 다루는 일이고, 그에 대한 책임도 온전히 나에게 있다. 따라서 남들이 기준이 되어서도 안 되고, 남에게 그 주도권을 위임해서도 안 된다. 또한, 남들이 내 준비 과정이나 촬영 결과에 대해 평가할 권리 또한 없다. 누군가 나의 사진에 대해 함부로 평가한다면 무례한 사람을 걸러 낼 좋은 기회다. 기왕 바디프로필 촬영을 결심했다면 어디까지나 내가 좋고, 내가 건강한 모습으로 발전하기 위해 찍는 사진이라는 걸 잊지 말고, 행복한 추억으로 남는 촬영이 되길 바란다.

Chapter 3.
회복 탄력성

- 긴 터널을 견디는 힘
- 때로는 무너지더라도

긴 터널을 견디는 힘

건강은 두려움에 대항해 싸울 수 있는 힘을 주고,
어떤 확증이나 보수 없이도 모험을 걸 수 있게 하는 힘이다.
– 레오 버스카글리아

‖ 합격이 아닌 성장을 목표로

어느 세대나 그 시대만이 갖는 어려움을 감당하며 살아야 하고, 그것에 대해 어느 세대가 더 낫고 더 힘들고를 따지는 건 의미가 없는 것 같다. 각자의 성장 환경이나 상황에 따라 그 시대의 풍파를 얼마나 직격탄으로 맞느냐는 다르지만 말이다. 그리고 나는 안타깝게도 88만 원 세대에 뒤를 이은 밀레니얼 세대가 겪는 취업난이라는 어려움을 피할 수 없는 운명이었다. 사실 솔직히 나는 그게 내 얘기가 될 가능성을 심각하게 고려하지는 않았었다. 부산대학교 대기환경과학과로 입학했다가 화학과 생물 전공으로 바꾸고 싶은 마음에 화공생명공

학과로 전과를 했는데, 알고 보니 이 학과는 옛날부터 취업률이 높기로 유명했다. 당시 교환학생을 다녀오고 그 뒤에도 영어 학술 동아리 활동을 꾸준히 해 영어 실력도 크게 아쉬울 것 없이 없었다. 990점 만점인 토익은 940점, 영어 회화 시험인 오픽도 Advanced Low로 최고 등급이었다. 그리고 3학년 여름, 겨울 방학에는 외국계 담배회사의 인턴십까지 하게 되니 취업도 그냥 그렇게 열심히 하면 착착 될 줄만 알았다. 어릴 때부터 항상 부족한 것이 체력이었는데, 이렇게 꾸준한 운동으로 체력까지 좋아지니 세상에 못할 일이 없을 것만 같았다. 그렇다고 취업을 만만하게 본 건 아니었지만, 그 뒤로 내가 마주한 세상은 생각보다 훨씬 더 만만치 않았다. 1학년 첫 학기엔 칠렐레팔렐레 놀기만 했지만, 그 후로는 정신 차리고 체력까지 키워가며 나름대로 열심히 성실하게 해온 대학 생활이다. 그런데 자기소개서에 내 소개를 내가 너무 못한 것인지 아니면 그냥 내가 별로였는지 일 년 반이란 시간 동안 서류조차 통과 못 한 지원서가 수두룩했다. 스펙이라는 것은 쌓기도 힘들지만, 쌓고 나서도 그것이 반드시 취업을 보장하는 것은 아니니, '뭘 어떻게 더 해야 할지 모르겠는' 답답함이 더 크다. 특히나 이미 모든 학기를 마치고 더 업그레이드할 스펙이 남아있지 않은 채로 입사지원서만 끊임없이 넣는 기간은 자존감이 떨어지기 딱 좋은 시기였다. 탈락이라는 두 글자를 일상적으로 보며 지금까지 내가 쌓아온 모든 노력과 시간들이 통째로 부정당하는 기분을 매일 매일 느낀다는 건 보통 속상한 일이 아니었다.

학교에 다니며 중간고사, 기말고사를 치면 학점이 남는다. 그래서 바쁘고 고달파도 무언가 노력의 결실이 보였다. 하지만 입사지원서는 끊임없이 넣어도 탈락하면 그냥 다시 제자리다. 내가 얼마나 많은 곳에 지원했느냐, 어디까지 합격했느냐는 아무 의미가 없다. 6년이라는 긴 대학 생활 동안 나름 모든 방면에 최선을 다했는데, '그때 뭘 더 했어야 했나?', '학점을 더 올렸어야 했나?' 등의 의미 없는 후회들과 그동안 열심히 해온 시간들에 대한 엄청난 회의감이 몰려왔다. 그래도 열심히 해보자는 결심으로 다시 열정이 타올랐다가도 또다시 들려오는 탈락 소식에 무너지는 마음을 붙잡는 날의 연속이던 나날 중, 유일하게 노력의 결과를 보여주는 것은 운동이었다. 또 하나의 입사지원서를 완성하는 것은 뿌듯함보다는 또 거절당하게 되는 것에 대한 불안함이 컸다. 하지만 하루 한 시간 그 날의 운동을 마치고 나면 오늘도 조금은 의미 있고 성장하는 하루를 보낸 것 같아 뿌듯함으로 하루를 마무리할 수 있었다. 물론 운동이 유일하게 노력의 결과를 보여준다고 해서 하루하루 몸이 달라진 건 아니었다. 하지만 처음 받는 PT 수업에서 트레이너님이 세워주신 가이드라인에 따라 신경 써서 하루 세끼 밥을 챙겨 먹다 보니 그냥 생각나는 대로 먹었을 때보다 더 나를 신경 쓰고 챙기는 느낌이 들었다. 그렇게 꾸준하게 운동을 하고 균형 잡힌 식사를 챙기는 습관은 나의 건강과 일상이 무너지지 않게 지켜주었다. 졸업과 취업으로 대부분의 친구가 떠나고 혼자 남은 캠퍼스에서 생활하는 것이 외로웠지만, 씩씩하게 매일의 운동과 식사를 챙기며 나를 돌보았고, 그렇게 나는 일 년이라는 취업 준비 기간 동안 겪은 수많은 실패에도 다시 일어설 수 있었다.

아마 졸업과 동시에 바로 취업이 된 일부 사람들을 제외하고, 대부분의 사람이 이런 '취준' 시기의 아픔을 겪어보지 않았을까? 어느 시대를 살든 좋은 직장을 얻기 위해 열심히 노력해야 하는 건 마찬가지인데, 단군 이래 최고의 스펙을 가지고도 아무 곳도 취업하지 못하는 일이 비일비재한 세대가 바로 지금 우리 세대다. 그렇다고 어차피 안 되니 노력할 필요가 없다는 건 아니지만, 지금의 실패에 대해 모두 나의 탓으로 생각해서도 안 된다. 하지만 이런 말들을 머리로는 이해해도, 그 실패의 아픔까지 없애주진 못했다. 당시의 나도 상당한 불안감과 우울감으로 인해 잠 못 이루는 밤들이 있었다. 한번 불안감에 잠을 못 자기 시작하니 취업을 한 뒤에도 지금까지 불안하거나 걱정되는 일이 있으면 꽤 오래 잠을 못 이루기도 했다. 그럼에도 그 시기를 비교적 건강하게 잘 보낼 수 있었던 것은 매일 운동을 하는 루틴으로 인해 규칙적으로 '뿌듯함', '기쁨' 등의 긍정적인 감정을 느꼈기 때문이다. 너무 들뜰 필요는 없지만, 생산성 높은 하루를 보내기 위해 좋은 기분을 유지하는 것은 생각보다 매우 중요하다.

그래서 나는 과거 나처럼 어두컴컴한 터널을 지나는 듯한 취업 준비 시기를 겪는 사람들에게 반드시 꾸준히 운동할 것을 추천하고 싶다. 운동할 때 우리 뇌에서는 도파민, 노르에피네프린, 세로토닌 등의 호르몬이 분비되는데, 이런 호르몬이 분비되면 우리는 성취감, 자신감, 행복감, 당당함을 느낀다. 삶을 살아가는 데 있어서 이러한 감정들을 자주 느끼는 것은 어려움을 이겨나가고 버티는 데 큰 힘이 되어준다. 가장 실패 경험을 많이 쌓을 수밖에 없는 시기에, 실패에도 다시 일어날 수 있는 '회복 탄력성'이라는 힘을 운동으로 키울 수 있다.

지금의 2030 세대를 표현하는 단어 중 한 가지가 N포 세대이다. 취업을 포기하고, 결혼을 포기하고, 출산을 포기하고… 우리 삶에서 마주하는 큰 도전인 만큼 또 다른 행복을 맛보게 될 수도 있는 과제들을 하나둘 포기해 간다는 건 참 슬프다. 무언가를 포기한다는 것은 더 좋은 다른 것을 선택했다는 것이기도 하지만, 한편으로는 '어차피 노력해도 안 된다'는 무기력감이 담긴 단어이기도 하다. 사회학자들은 과열된 교육열과 그에 비해 현저하게 낮은 취업률, 그리고 이로 인한 경제적인 압박으로 인해 청년 세대들이 제대로 쉬지 못하고 번아웃 증후군이 오고 있다고 말한다. 이러한 문제의 해결을 위해 사회 시스템의 개선도 필요하지만, 우리 스스로도 자신을 위해 할 수 있는 것을 행동에 옮겨야 한다. 상황을 바꾸는 가장 쉽고 빠른 방법은 바로 나 자신이 바뀌는 것이다. 그리고 나 자신을 가장 빠르게 바꿀 수 있는 것, 굼뜬 심장을 뛰게 하고, 뭐든 해낼 수 있다는 용기가 차오르게 하는 것은 바로 운동이다. 운동의 이유는 사실 그것만으로 충분하다. 살을 빼고, 체력이 좋아지는 효과는 어쩌면 나중 문제일지도 모른다. 나를 포함하여 이 시대를 살아가는 모든 청년을 위로하고 격려하는 건 다른 그 어떤 위로의 말이 아닌, 스스로 몸을 움직임으로써 자신이 살아있음을 느끼는 것이 아닐까?

‖ '할 수 있다.'라고 온몸으로 믿는 방법

　면접이나 중요한 미팅을 앞두고 너무 긴장되거나 자신감이 떨어질 때, 가장 효과적으로 긴장을 풀고 자신감을 얻으려면 어떻게 해야 할까? 일단 숨을 깊게 들이쉬고 몸 안의 모든 공기를 빼듯이 길게 뱉는 심호흡을 하고, 가슴을 넓게 펴고 양손으로 허리를 잡는 일명 '파워 자세'를 위풍당당하게 취해보자. 이게 생각보다 효과가 좋다. 걸을 때도 의식적으로 씩씩하고 의기양양하게 걸으면 천천히 걷는 것보다 더 큰 자신감을 느낄 수 있다. 이것은 단순히 기분 탓이 아니다. 실제로 차분하게 호흡에 집중하면 쿵쾅대던 심박수가 안정 시 심박수에 가깝게 떨어지는 것을 확인할 수 있다.

　『움직임의 뇌과학』 저자 캐럴라인 윌리엄스는 그의 저서에서 여러 가지 생화학적, 심리학적 실험과 사례들을 근거로, 우리의 정신과 신체는 연결되어 있다고 주장한다. 정신과 신체가 연결되어 있기 때문에, 긴장되고 불안한 상황에서 우리의 머릿속으로 '할 수 있어, 괜찮아.'라고 되뇌는 것도 좋지만, 신체를 '힘차게' 움직임으로서 뇌에 '할 수 있어, 괜찮아.'라는 메시지를 보내는 것이 더 효과적이다.

　우리가 생각하기론 뇌가 일방적으로 우리 신체 모든 부분을 조종하기만 할 것 같지만, 이렇게 신체의 각 조직도 뇌의 활동에 영향을 미친다. 사실 아주 오래전부터 우리의 조상들은 이 사실을 알고 있었던 게 분명하다. 그러니 로마 시대에 "건강한 신체에 건강한 정신이 깃든다."라는 격언이 생겼겠지. 보통 긍정적인 생각이나 사고는 머릿속에서만 나올 것 같지만, 우리의 움직임이 그러한 생각과 기분을 만들기도 한다. 이 책의 저자에 의하면 우리는 삶에서 발전을 이룰 때 '앞으로 나아간다'고 표현하고, 한 분야에서 성공한 것을 두고 '정상에 선다'고 표현하는 것이 우연이 아니라고 한다. 실제로 심리학자들의 연구에 따르면 움직임의 방향이 생각에 영향을 미친다고 한다. 쉽게 말해 어떤 '움직임'을 할 때 우리는 같은 기분을 느낀다는 거다. 걷기와 달리기는 앞으로 전진하는 활동으로, 우리는 앞으로 나아가는 기분을 느끼고 어떤 문제에서 멀어지는 듯한 느낌을 받는다. 최근 수많은 뇌과학자와 정신의학자들이 달리기가 우울증 치료에 매우 효과적이라는 주장에 동의하고 있는데, 이는 단순히 운동할 때 분비되는 도파민, 엔도르핀, 세로토닌과 같은 행복과 쾌감 호르몬에 국한되는 이야기가 아니다. 우울증을 악화시키는 것은 자꾸만 과거에 머물며 그때의 말, 행동, 경험을 과도하게 분석하고 부정적으로 해석하며 점점 낙담하는 악순환이다. 그런데 물리적으로 앞으로 나아가는 행동은 과거의 나쁜 일로부터 멀어지는 것처럼 느끼게 만들어서 이 악순환을 멈추게 해준다. 물론 신체적으로 달리기 어려운 상황이라면 걷기나 자전거도 같은 효과를 낼 수 있다. 일단 중요한 것은 몸을 움직여야 한다는 점이다.

그렇다면 근력 운동은 어떨까? 지금 말하는 근력은 단순히 당신이 헬스장에서 얼마나 무거운 무게의 바벨을 지고 스쿼트를 할 수 있는지와 같은 '최대 근력'에 국한되는 이야기가 아니다. 순간적으로 강한 힘을 내서 빠르게 달려서 나를 두고 출발하려는 버스를 잡을 수 있고, 나도 모르게 너무 많이 장을 봐서 무거워진 장바구니를 능숙하게 들어 올리고, (그런 일이 없어야겠지만) 나를 강제로 끌어안거나 당기는 사람에게서 빠져나오는 힘을 모두 포함한 의미이다. 살면서 위험에 처할 일이 없는 것이 가장 좋겠지만, 정말 필요할 때 목숨을 구할 수 있을 정도의 신체적 능력을 갖추는 것은 실제 그런 사고가 발생하지 않더라도 우리 삶에 많은 이점을 제공한다. 문명국가면서 나름 선진국 대열에 오른 국가에 살고 있는 우리는 살면서 직접적인 신체적, 물리적 위협에 노출될 일이 그렇게 많지는 않다. 하지만 그에 비해 정신적인 피해를 주는 일들에는 상당히 쉽게 노출된다. 그러한 피해는 눈에 보이지 않아서 피하기가 더 어렵다. 요즘 '멘탈이 세다'는 것이 하나의 능력처럼 여겨지는 것도 이러한 정신적인 공격이 난무하는 세상이기 때문이 아닐까? 이러한 세상을 살아가는 데 있어 신체적인 능력은 우리가 느끼는 정신력과 감정적 회복력에 큰 영향을 준다. 보통 근력 운동을 할 때 처음부터 너무 무거운 무게를 다루지는 않지만 그렇다고 열 번 스무 번도 더 할 수 있는 가벼운 무게를 다루지도 않는다. 근력 운동은 보통 '내가 못 들 것 같은' 무게에 도전하는 순간들의 연속이다. 운동을 반복할수록 우리는 과거에 꼼짝도 안 하던 덤벨을 손쉽게 들어 올릴 수 있고, 천근만근 같기만 하던 내 몸뚱이도 두 팔로 철봉에 매달려 손쉽게 끌어당길 수 있게 된다. 그 과정에서 우리가 가장 많이 하는 생각은 무엇일까? 바로

'할 수 있다'는 생각이다. 그리고 그건 어떻게 증명해낼까? 바로 '결국은 해내는' 우리의 몸이다. 그중 일부가 바로 우리의 근골격계, 즉 뼈와 인대, 힘줄, 근육들이다. 그리고 이렇게 온몸으로 느끼는 '할 수 있다.'라는 메시지는 우리가 운동을 하지 않고 있을 때도 여전히 뇌로 전달된다고 한다. 이 책에서 많이 인용한 신경과학자이자 철학자인 안토니오 다마지오의 말에 따르면 내 몸이 어디까지 감당할 수 있는지에 대해 알고 있는 것은 나 스스로를 어떻게 생각하는지에 대한 토대가 된다. 이 말 어디서 많이 들어본 말 아닌가? 바로, 자존감에 관한 이야기다. 쉽게 말해, 내가 스쿼트를 100kg까지 들 수 있다는 자신감, 밴드의 보조 없이 맨몸으로 풀업을 할 수 있다는 사실을 믿는 것은 내가 다른 어려운 일도 그만큼 해낼 수 있다고 믿는다는 것이다. 이건 머리가 믿는 게 아니라, 몸이 믿는 것이다. 즉, 이렇게 근골격계의 역량을 향상시키면 다른 부분에서도 '할 수 있다'고 느끼게 되고, 이는 자세와 행동에서도 '자신감'으로 표출된다. 그리고 이러한 자신감은 또다시 더 적극적인 신체 활동으로 연결되고, 또 그러한 신체 활동은 다시 '역시 할 수 있어.'라는 메시지가 되어 돌아온다.

내가 취업 준비를 할 때 가장 힘든 감정은 바로 불안이었다. 이 불안감은 '이렇게 평생 굶으면 어쩌지?' 하는 공포스러운 생각에서 오는 것이 아니었다. 우리 집이 엄청 부자는 아니어도 내가 당장 취업을 하지 않으면 우리 가족이 굶거나 길거리에 앉아야 하는 급박한 상황까지는 아니었다. 그럼에도 불안감을 느낀 이유는 내가 아무리 노력을 해도 바꿰지 않는 현실을 보며 '통제감'을 잃어버리게 되고, 내가 이 상황을 바꿀 수 있다는 자신감을 느끼기 어려웠기 때문이다. 하지만 꾸준하게 이어간 근력 운동은 나에게 '해도 안 돼.'라는 생각보다 '한 번 더 해보자.'라는 생각을 더 많이 하게 만들었다. 덕분에 나는 1년간의 취업 준비 기간 동안 너무 많이 아파하지 않고, 그 안에서도 즐거운 추억을 쌓으며 성장할 수 있었다.

안타깝게도 오랜 역사 동안 근력 운동은 여성의 영역이 아니었다. 하지만 근력 운동은 자신을 보호하고 독립적으로 살아가며, 타인의 평가에 연연하지 않고 자신이 하고자 하는 일을 해내며, 스스로를 가치 있게 여길 수 있는 힘을 제공한다. 그러나 근력 운동은 꽤 오랜 시간 동안 남성의 영역이었고, 그래서 사람들은 이런 독립성과 자립심, 당당함과 자신감이 마치 '남성성'인 것으로 생각해 왔다. 근대까지만 해도 여성은 연약한 존재라 남성에게 의존하며 예민하고, 보호받아야 했고, 또 여성을 보호하는 것이 미덕이었다. (물론 '여성'이 아닌 약자를 보호하는 것은 미덕이다.) 물론, 생물학적으로 보면 상대적으로 똑같은 운동을 했을 때 여성의 근력이 더디게 발달하는 것은 사실이다. 근육을 발달시키는 호르몬은 테스토스테론과 성장호르몬인데, 이 두 호르몬은 남성에게 훨씬 더 많이 분비된다. 하지만 그렇다고 해서 여성이 근력을 향상시키지 못하는 건 절대 아니다. 그런데도 여전히 많은 여성이 근력 운동을 하지 않고, 그로 인해 자신이 얼마나 강한지 꿈에도 모른 채 정신적, 정서적 이득을 놓치고 사는 것이 정말 안타깝다. 2022년 이태원 핼러윈

축제에서 발생한 참사에서 사망한 사람 중 여성이 남성의 두 배 가까이 많은 것을 보고 왠지 더욱더 씁쓸했다. 물론 단순히 하필 그 자리에 여성이 더 많아서 그랬을 수도 있다. 그리고 사고를 당한 사람들이 단지 신체적 능력이 부족해서 사망한 것도 아니다. 아무리 힘이 좋은 사람도 인간의 한계를 넘어선 압박은 견딜 수 없지만, 적어도 같은 조건이라면 생존 확률을 높여줄 수는 있다. 여전히 여러 재난이나 범죄 피해자 집단에서 늘 여성의 숫자가 더 많은 현실은 여성들이 이러한 물리적인 위험에 더 많이 노출되어 있다는 것을 방증하는 것 같아 안타깝다. 나를 포함해 모두가 한마음으로 이러한 비극이 다시는 발생하지 않기를 기도하지만, 사실 옛날부터 지금까지 여전히 세상은 약자에게 더 위험한 곳이다. 대부분의 범죄는 강자가 아닌 약자를 향하기 마련이다. 여성이 더 많은 범죄에 노출되는 것은 지금까지 오랜 역사 동안 여성의 위치가 '약자'였기 때문이었던 이유도 있다고 생각한다. 통상적으로 위급 상황에서 어린이, 노인과 함께 여자가 먼저 구출되는 것은 젊은 남성의 생존 확률이 그중에서 가장 높기 때문이다. 과거엔 여성이 운동을 통해 얼마나 강해질 수 있는지 잘 몰랐다. 알려고도 하지 않았다. 그러나 이제 우리는 점점 깨닫고 있다. 여성도 충분히 강해질 수 있으며, 근력의 발달에 있어 남성보다 불리하더라도 나 자신을 보호할 수 있을 만큼의 힘은 얼마든지 가질 수 있다는 걸 말이다. 언젠가 여성들도 자신과 타인을 지켜낼 만큼의 힘을 기르는 것이 보편화 되어서 위급 상황에서 구출 순서의 기준이 조금은 바뀔 수 있는 날이 오면 어떨까? 여성들의 운동 강도가 점점 높아지고, 몸이 커질 만큼이나 운동을 하는 여성들이 많아지길 바란다. 그래서 근력 운동을 하면서 몸이 커지면 어떡하냐는 여성에게 '에이, 여자는 그렇게까지 절대 못 하니 걱정하지 마세요.'라고 함부로 장담할 수 없는 세상이 되길 바란다. 인류의 절반인 여자들이 '무엇이든 할 수 있다'고 온몸으로 믿을 수 있게 된다면 그만큼 세상에 멋진 일들이 더 많이 일어나지 않겠는가?

때로는 무너지더라도

> 행복은 충분한 수면으로 이루어져 있다.
> 오직 충분한 수면, 그 이상도 이하도 아니다.
>
> – 로버트 A 하인라인

‖ 버텨준다고 괜찮은 게 아니다

나에게는 학생 시절부터 가진 고질적인 향토병이 있는데, 그건 바로 투입 시간과 생산성을 동일하게 여기는 병이다. 이 병의 대표적인 증상은 만성적인 수면 부족이다. 이 병을 '향토병'이라 부르는 이유는, 대한민국 전역에 퍼져 대다수 국민이 걸린 병이기 때문이다. 산업화 시대를 거쳐 이미 지식 산업 시대로 접어든 지가 오래인데도 불구하고, 여전히 많은 사람이 업무 시간과 생산성을 동일시하는 오류를 범한다. 나 역시 시험을 앞두고 있을 때나 무언가 중요한 프로젝트를 할 때마다 이 병이 도졌는데, 체력이 약했을 때도 그랬지만, 꾸준한 운동으로 체력이 좋아졌을 때도 모든 체력이 고갈되도록 일하려고 하는 이 고질병을 쉽게 고치기는 힘들었다. 돈을 많이 벌어도 그만큼 더 많이 쓰면 돈을 모으기 힘들듯이, 꾸준한 운동으로 체력이 좋아졌다고 해도 그만큼 더 많은 일을 하려고 하면 여전히 예전처럼 피곤하고 힘들다.

 체력이 향상된 몸으로 그렇게 바라던 취업에 성공한 나는 체력을 믿고 모든 열정을 쏟아부었다. 단언컨대 단 한 번도 녹초가 되지 않은 몸으로 퇴근하지 않은 날이 없었는데, 성장을 위해서는 당연한 일이라고 생각했다. 날이 갈수록 점점 피곤했지만, 출근 전 운동과 독서를 놓지 않아서, 한 선배는 운동해서 더 피곤한 거 아니냐고 걱정하기도 했다. 그래도 운동만큼은 컨디션 관리와 나의 행복을 위해 꼭 필요하단 생각으로 고수했지만, 점점 늘어가는 업무량에 어느 순간부터는 독서는커녕 운동할 시간조차 없이 눈을 뜨고 일어나자마자 일을 하다가 출근을 하고 있었다. 지금 생각해 보면 그때의 에너지 소비량은 하루 7~8시간을 자야 회복될 수 있었을 텐데, 나는 하루 여섯 시간도 '매우 충분하다.'라고 생각했고, 여섯 시간의 수면 시간도 채우지 못하는 날들이 하루 이틀 늘어 갔다. 사람은 사회적인 동물이라 절대적인 기준이 아닌 상대적인 기준으로 상황을 판단하는 오류를 범하기 쉽다. 그래서 몇 주 내내 5시간도 못 잤더니 너무 피곤하다는 나의 말에 자기는 어제 3시간 잤다는 선배의 대답을 듣고 '우리 모두가 만성 수면 부족'이라는 생각을 하는 대신 '아, 나는 많이 자는 거구나.'라는 어처구니없는 결론을 내려버렸다.

당시 나의 가장 큰 문제점은 단순히 수면 부족으로 인해 피로도가 높은 것에 그치지 않았다. 나는 만성적인 수면 부족 상태에 너무 익숙해져서, 피로로 인한 잦은 실수와 낮은 생산성이 내 원래 모습이라고 생각했다. 피로가 누적될수록 집중력은 점점 떨어졌고, 맨 처음 배웠던 단순 업무조차도 속도가 나질 않았다. 스스로를 상당히 저평가하는 것이 일상이 되어버린 그때의 나는 나와 다른 사람들이 힘든 게 모두 내 탓이라고 생각했다. 그리고 그러한 스트레스는 나를 더 긴장하게 만들어 안 그래도 느린 속도를 더 더디게 만들었다. 당시 나와 함께 일했던 사람들 대부분이 충분히 자지 못하고 자신의 체력의 150%, 200%를 쓰며 일하고 있었다. 애초에 사람은 만성적인 수면 부족 상태가 되면 더 이기적으로 행동하게 되고, 모든 면에 있어 굉장히 예민해지는 것이 당연한데 직원들이 서로가 최선을 다해 일하고 특별한 갈등이 일어나지 않은 것은 정말 대단한 일이었다. 그러나 아무리 정신력과 긍정적인 에너지가 중요하다고 해도 그것만으로 부족한 수면을 채울 수는 없으며, 고갈된 체력을 긍정적인 마음으로 충전하는 것도 한계가 있다. 나도 아무리 내 일에 진심이고 최선을 다했다고 해도, 선배 자신도 바쁘고 피곤해 죽겠는데 실수를 연발하고 여전히 손이 느린 후배에게 고운 말만 나오기는 어려웠다. 나도 죽을 둥 살 둥 애쓰고 있는데, 언제나 가장 느리고 일 못 하는 후배로 찍혀 하루가 멀다 하고 혼나니 뭐든 잘 해낼 수 있다는 자신감으로 하루를 시작하던 초반과 달리, 점점 눈물을 참으며 퇴근하는 날이 점점 늘어 갔다. 진짜 문제를 파악하지 못한 채 그저 무능력한 나 자신을 원망하는 날들이 이어졌다.

다이어트를 한 것도 아닌데 생리를 하지 않고, 거의 24시간 만성적인 편두통이 찾아왔다. 결국은 스트레스와 우울감으로 인해 거의 일주일에 한 번 이상은 혼자 엉엉 울지 않고선 견디기 힘든 상황에 이르렀는데, 그런 상황에서도 나는 내가 육체적, 정신적으로 조금 위험하다는 걸 눈치채지 못했다. 그리고 결국 내 몸은 24시간 긴장 상태로 돌리는 나를 견디지 못하고 '강제 종료' 시켜버리고 말았다. 그래도 나름 꾸준하게 운동하고 건강을 관리했다고 생각했는데, 내가 견딜 수 있는 스트레스의 역치는 내 기대보다 훨씬 낮았던 걸까? 6년 전 수술로 제거했던 난소의 혹이 갑자기 너무 크게 자라 다른 장기를 건드리며 직접적인 통증을 일으키기 시작했다. 스스로 택시를 타러 갈 수도 없을 만큼의 통증으로 인해 생애 처음으로 구급차를 불렀고, 병원에서는 당장 며칠 내로 수술을 해야 한다고 입원을 하란다. 안 그래도 모든 직원이 날마다 숨넘어가게 일하는 직장에서 내가 며칠을 빠지는 게 정말 미안하면서도, 한편으로는 수술하면 출근을 못 하니 쉴 수 있다는 사실이 반가운 그때의 감정은 참 아이러니했다. 당시 수술은 복강경(작은 **구멍만 몇 개 뚫어 그 안으로 카메라를 삽입해 수술 부위를 최소화하는 것**)으로 진행하지만 그래도 전신마취를 하기 때문에 최소 3일은 입원을 해야 했다. 퇴원 후에도 수술 부위를 움직이면 통증이 있어서 몸을 움직이기는 힘들었기 때문에 나는 무려 2주 동안 병가를 써야 했다. 물론 그럼에도 불구하고 컴퓨터로 할 수 있는 업무들은 여전히 해야 했지만, 줄어든 근무시간으로 절대적인 휴식 시간을 확보할 수 있었다. 그렇게 분에 맞지 않는 과부하로 인해 과로를 강제 종료 당한 나는 침대에서 보내는 시간 동안 건강 관리와 관련된 책들을 읽으며, 비로소 '지금의 이러한 패턴이 정말 지속 가능한가?'라는 질문을 던지기 시작했다.

사람마다 견디는 정도에 차이는 있지만 치열한 경쟁 사회를 살아가는 한국인 사이에서는 나의 이런 육체적, 정신적 번아웃 경험이 그렇게 특별한 경험은 아닐 것이다. 우리는 여전히 '잠도 못 자고 열심히 공부하거나 일하는' 사람을 존경하고 그들에게 박수를 보낸다. 물론 투철한 책임감과 열정 그 자체는 정말 멋지고 어느 정도 필요하지만, 그런 상태가 얼마나 지속 가능한지 또한 좀 더 장기적인 관점에서 생각할 필요도 있다. 한마디로, 지금 당장은 기대에 비해 조금 부족하더라도 '롱런'할 수 있는 방법에 대해서도 고려하며 에너지를 사용해야 하는 것이다.

물론 여전히 하고 싶은 일도 욕심도 많은 나는 감당하기 어려운 만큼의 일을 벌일 때가 있다. 그러면 안 된다는 걸 알면서도 모든 걸 다 해내려는 욕심에 무리한 스케줄을 짜며 가장 만만한 선택으로 잠을 줄이고 싶은 유혹에 흔들릴 때가 있다. 그래서 여전히 충분한 수면 시간을 확보하는 데 종종 실패하기도 하지만, 지난날 나의 실수를 반복하지 않기 위해 충분한 수면을 확보하려고 '의식적인' 노력을 기울이고 있다. 그 전까지는 몰랐는데 나의 몸에 많은 주의를 기울여 보니, 매일의 수면 시간과 질에 따라 하루 컨디션은 분명히 달랐다. 아무리 카페인의 효과가 탁월해도 피로가 누적되는 것은 부정할 수 없다. 그래서 나는 내 몸이 보내는 신호에 따라, 정 안 될 때는 중요하다고 생각한 것도 우선순위를 뒤로 미루어서라도 잠을 확보하기도 한다. 이렇게 치열하게 수면 시간을 챙기려는 것은 단순히 '쉼'만을 위해서가 아니다.

우리의 몸에서 가장 많은 대사가 이루어지는 장기가 3가지 있는데 바로 뇌와 간, 그리고 근육이다. 특히 뇌에는 체내 혈액량의 20%가 지나가며 24시간 쉬지 않고 에너지를 쓴다. 이렇게 많은 대사를 하는 만큼 뇌에도 노폐물이 쌓이고, 이러한 노폐물을 처리할 수 있는 시간은 더 이상의 정보가 들어오지 않는 수면 시간뿐이다. 뇌를 포함하여 온몸의 노폐물을 처리하는 과정을 우리는 '회복'이라고 부른다. 하루 종일 '살아 있는 것'만으로도 우리 몸은 에너지를 소비하고, 그 에너지를 소비하는 과정은 반드시 부산물을 남긴다. 그런데 우리가 어디 '살아서 숨만 쉬기'만 하는가? 우리는 하루 종일 의식적인 노력으로 운동이나 공부, 일과 같이 '추가적인 에너지 소비'를 한다. 그러면 몸은 '피로'를 느끼는 게 당연하고, 우리는 잠을 통해 이 '피로'를 해소해야만 한다. 잠을 자는 시간은 그냥 가만히 있는 것이 아닌 '능동적인 회복'의 시간이며, 뇌에서는 더 이상의 정보가 들어오지 않는 시간을 이용해, 깨어있는 동안 들어온 정보들을 통합하고 정리하는 시간이기도 하다. 다시 말해, 낮 동안 뇌에 들어온 모든 데이터를 정리하며 그동안의 경험을 토대로 해서 중요한 순서대로 우선순위를 정한다. 정보가 아무리 많이 들어와도 그

것이 정리되고 통합되지 못하면 아무 소용이 없다. 흔히들 학생들의 수면을 강조하며, 낮 동안 공부한 내용이 자는 동안 머리에 저장되어 장기기억으로 넘어간다고 하는데, 그것뿐만 아니라 문제를 해결하기 위한 정보의 활용까지 가능하게 해주는 것이다.

내가 즐겨보는 유튜브 채널인 〈피톨로지〉에서 아주라 씨는 한 영상에서 수면의 중요성에 대해 이야기하며 두 가지 연구를 소개했는데 그 내용이 굉장히 놀라웠다. 하나는 2015년에 이루어진 62시간 무수면 연구 결과인데, 해당 연구를 진행한 사람은 연구 결과를 발표하며, "수면이 부족했던 사람은 단순히 회복이 더딘 것에 그치지 않고, 새로운 정보를 받아들이고 적용하는 능력이 완전히 파괴되는 것 같다."라고 말했다고 한다. 더 충격적인 연구 결과는 운전 시뮬레이터 실험이었다. 이 실험은 그렇게 긴 시간도 아닌 19시간의 무수면 상태에서 운전 시뮬레이션을 진행했는데도 참가자들은 "음주운전에 상당하는 인지 능력 저하를 보였다"고 한다. 즉, 아침 6시에 일어나서 새벽 1시에 운전해서 집에 간다면 술을 한 방울도 마시지 않았음에도 음주운전과 같은 상황에 노출된다는 것이다. '열쩡! 열쩡! 열쩡!'을 외치며 살아가는 대한민국 국민에게 그렇게 낯설지 않은 상황이다. 그 영상의 섬네일 문구였던 이 말을 나는 가슴에 새기며 살아가려고 한다. '만성적인 수면 부족은 느린 안락사와 같다.'

수면. 남들이 당연히 줄이고 있고, 혹은 그들이 줄이라고 한다고 해서 줄일 수 있는 것이 아니라는 점을 모두가 꼭 기억했으면 좋겠다.

‖ 큰 파도를 만나 가라앉았을 땐…

그렇게 첫 취업 후 1년도 채우지 못하고 나는 퇴사를 결심했다. 물론 퇴사 후 거의 바로 다시 일을 시작했지만, '뒤처졌다.'라는 생각을 지울 수가 없었다. 나는 전 직장에서 무너진 자존감과 자신감을 빠르게 복구시키고 싶은 마음에 다시 내달리기 시작했다. 예전 직장에서 그랬듯이, 퇴근 후 운동도 하고 책도 읽고 공부도 하며 발전해 나갈 생각에 설레기까지 했다. 물론, 예전처럼 그렇게 너무 무리할 생각까지도 아니었는데, 막상 다시 달리려고 하니 이상하게 몸이 따라주지 않았다. 예전만큼의 운동도 하기 힘들 뿐만 아니라 어떻게든 운동을 하고 난 뒤엔 너무 피곤해서 뭘 할 수가 없었다. 아니, 하기가 싫었다. 예전엔 도대체 어떻게 야근한 다음 날도 운동하고 공부하고 출근했는지 믿어지지 않았다. 그때는 첫 취업이라 더 의욕적이었던 걸까? 그렇다기엔 내 몸이 실제로 전보다 쉽게 지치는 게 느껴졌다. 물론 고등학생 시절의 나와 비교하는 부모님은 "너 진짜 회복 빠르다, 어릴 때보다 훨씬 체력이 좋아졌다"고 하셨지만 취업하고 얼마 안 되었을 때까지 내가 갖고 있던 체력에 비하면 턱없이 부족했다. 예전과 비슷한 강도의 운동이나 활동을 하면 곧바로 입안이 헐거나 감기에 걸리고 질염이 생기는 등 면역력 저하 신호가 너무 빨리 울렸다. 나의 엄살인가 싶었지만 사실 그렇게 신호가 울린 것은 몸에서는 '부담'이 되는 활동을 소화했다는 거였다. 재택근무를 하니 출퇴근 스트레스도 없는데 왜 이럴까 싶어 답답했다. 그때의 나는 6시 퇴근하고 밥 먹고 독서실 가서 자격증 공부하고 돌아와서 자전거까지 타야 '잘 보냈다'는 뿌듯함을 느꼈다. 예전보다 더 많이 자니까, 일하는 시간도 더 짧으니까, 무엇보다 난 이 일이 좋고 잘하고 싶으니까…. 하지만 내 맘 같지 않은 내 몸은 조금만 피곤하거나 무리를 하면 다음 날은 어김없이 8시간 이상의 수면과 퇴근 후 아무것도 하지 않는 시간이 필요했다. 그리고 그런 나 자신을 보며 나는 태생이 게으른 사람인가보다 하며 속상해했다. 지금 생각해 보면 그때 나는 너무 많이 조급했던 것 같다. 나는 쉽게 무기력해지는 나를 보며 도대체 왜 그러냐고 자꾸 닦달했다. 하지만 사실 그 시간들은 회복을 위해 나에게 꼭 필요했던 시간이었다는 걸 당시는 알지 못했다.

 인체는 항상 본능적으로 균형을 잡으려고 한다. 그걸 조절하는 시스템이 바로 교감-부교감 신경 시스템이다. 아침이 오며 햇빛을 보면 심장을 빠르게 뛰게 하고 몸을 긴장시키며 흥분하게 하는 호르몬들이 분비되며 활력을 느낀다. 이런 상태를 두고 '교감 신경이 활성화'되었다고 한다. 그리고 낮 동안 에너지를 사용했다면 그만큼 다시 에너지를 비축하기 위해 몸을 덜 움직이고 쉬어야 하고, 이로 인해 수면욕을 느낀다. 이를 두고 '부교감 신경이 활성화'되었다고 한다. 무기력증은 아무것도 하기 싫은 상태, 의욕이 없는 증상을 말한다. 한마디로 쉬고 싶은 상태다. 물론, 정말로 온종일 누워만 있었는데 여전히 무기력하게 느껴진다면 이러한 뇌의 조절 시스템에 문제가 생기고 있는 것일 수도 있다. 때로는 반복된 실패 경험으로 인해 '어차피 해도 안 된다'는 생각으로 이어지고 학습된 무기력증을 느끼기도 한다. 그러나 우리가 무언가를 하고 나서 느끼는 일시적인 무기력증은 다르다. 반복된 실패로 인해 학습된 무기력증은 빨리 벗어나야 하지만, 어떠한 이유로 몸이 많이 안 좋아졌다가 다시 회복하는 과정에서 느끼는 무기력은 '쉼'이 필요하다는 몸의 신호다. 게다가 우리 몸은 30대부터는 이미 노화가 진행되며 건강과 체력이 조금씩 마이너스 되는 상태다. 단지 꾸준한 운동과 영양섭취를 통해 노화의 진전을 최대한 늦추어 가는 거다. 그런데 영양 섭취와 운동량이 턱없이 부족해지거나 혹은 나처럼 수술을 받게 되었다면? 어떤 수술이든 간에 일단 병으로 인해 수술까지 간다는 것은 몸은 더 빠른 속도로 내리막을 타고 있었다는 거다. 그런데 나는 나 자신에게 1년 전 취업 초창기의 가장 건강한 컨디션을 요구하고 있었다. 그러나 나는 그때보다 일 년 더 늙었고, 과로로 인해 건강 상태는 악화되었었다. 고작 일 년이라고 하지만 실제로 근력, 심폐지구력, 유연성 등 많은 체력 요소들은 운동을 중단한 지 10일에서 14일 이후부터 조금씩 감소하기 시작한다. 그런데 자꾸 예전과 같은 과부하로 운동하려고 하니 자꾸만 면역력이 떨어지는 부작용이 나타나는 것이 당연했다. 당시 나에게 적당한 운동 강도는 엄마와 함께 걷는 것이었다. 그렇게 나는 조금씩 나의 '떨어진 체력 수준'을 인정하고, 그에 맞는 활동으로 일상을 수정해 나가기 시작했다. 그리고 그게 꼭 덜 행복하거나 힘든 시간이기만 한 건 아니었다. 오히려 그때 일상들을 다시 돌아보면 그 덕분에 엄마,

아빠와 좀 더 여유로운 시간을 보냈고, 사랑하는 나의 반려견 바둑이와 함께 누워있는 시간들은 큰 행복이었다. 요가와 스트레칭을 더 많이 하면서 순환의 중요성을 몸소 배우기도 했다. 그렇게 체력이 허락하는 선에서 운동을 꾸준하게 이어갔고, 그 해가 끝나갈 즈음이 돼서야 나의 운동 능력과 체력은 과거의 수준까지 회복될 수 있었다.

앞으로 현대인의 기대 수명은 100살이라고 한다. 다만 이것이 '건강 수명'을 의미하는 것은 아니기 때문에 우리는 꾸준한 운동과 건강한 식습관을 통해 최대한 많은 질병을 예방하며 건강하게 살아가야 한다. 물론 그게 늘 계획대로 되는 건 아니다. 나도 나름 건강한 식습관과 꾸준한 운동을 한다고 했지만, 신입사원이 되어 과도한 열정을 불태운 탓에 난소내막증이 재발했다. 이렇게 우리는 모든 위험을 통제할 수 없으므로, 결국 정말 중요한 것은 넘어지고 무너졌을 때 제대로 회복할 줄 아는 것이다. 건강보다 중요한 것이 없다는 걸 누가 모르겠는가? 하지만 삶을 살다 보면 너무 오래 과로를 하게 되기도 하고, 때로는 식사도 제대로 못 챙길 만큼 힘든 일을 겪기도 하며, 적은 확률이지만 예상치도 못한 질병이 발생하기도 한다. 특히 그대가 여성이라면? 나도 아직 경험해 보지 못했지만, 그리고 모든 여성이 꼭 거쳐야 하는 것도 아니지만, 일단 모든 가임기 여성은 임신이라는 커다란 신체적 변화를 겪게 될 가능성을 품고 있다. 임신 중 체중 증가는 분명 컨트롤할 수 있지만 팽창된 가슴과 복직근(복근)이 늘어나서 탄력을 잃고 다시 원래대로 돌아오기까지 굉장히 오랜 시간이 걸린다. 단순히 외적인 부분뿐이겠는가? 아기를 품고 있느라 짓눌린 장기들, 오직 아기를 위해서만 돌아가던 호르몬 시스템들이 다시 정상화 되는 것은 하루 이틀에 되는 일이 아니다. 소중한 생명을 잉태하는 엄청난 일인 만큼 산모는 굉장히 긴 회복 시간이 필요하다. 그 회복 과정에서 당연히 산모는 움직이기 싫고 무기력한 게 당연하다. 그렇게 겪게 되는 무기력함을 너무 부정적으로 받아들이게 되면 우울증으로 발전하기 쉽다. 살면서 일어나는 모든 어려움을 다 막을 수는 없다. 그렇다면 적어도 우리가 무기력에 대해 잘 이해하고 있다면 아픔을 겪은 뒤 회복하는 시간들을 좀 더 잘 받아들이고 덜 힘들게 보낼 수 있지 않을까? '회복에는 시간이 많이 필요하다'는 것을 깨달은 이후에도, 나는 체력을 약해지게 하는 크고 작은 삶의 어려움을 마주했다. 그중 하나가 여러분 모두와 함께 겪은 코로나의 경험이다.

코로나바이러스가 온 지구촌을 헤집어 놓기 시작한 지 벌써 만 3년이 되어간다. 이 코로나바이러스는 우리 삶에 큰 변곡점을 남겼다. 누군가는 그동안 경험해 보지 못했던 재택근무로 인해 운동량이 감소하기도 하고, 안 그래도 움직임이 부족하던 사람들이 집에 머무는 시간이 늘어나며 체중이 증가하고, 건강이 악화된 경우도 꽤 많다. 심지어 코로나바이러스에 감염되었던 사람은 후유증이 꽤 오래가는 경우도 있다. 그리고 그 시대를 같이 산 나 역시도 체력 저하를 단 한 번도 안 겪고 지나갈 수는 없었다. 2021년까지 자가격리 한 번 안 하고 잘 버텨오

다가, 결국 올해 2022년 2월쯤 코로나바이러스 확진 판정을 받고 말았다. 확진 판정을 받은 날까지만 해도 '방에서 홈트나 해야지.' 하는 속 편한 생각을 했는데, 이틀 차부터는 증상이 시작되어 운동은커녕 할 수 있는 건 가만히 누워서 목이 아프지 않게 계속 자는 것뿐이었다. 그렇게 크게 아파본 게 참 오랜만이다 싶을 정도였다. 그렇게 꼬박 6일을 방 안에서 푹 쉬고 나니 다행히 증상은 조금씩 사라지며 어느 정도 회복되기 시작했고, 격리가 해제되는 날 아침 나는 방을 박차고 석사천으로 달리러 나갔다. 결과는 어땠을까? 아니나 다를까! 10km를 50분 이내로 달리던 내 몸은 3km만 뛰어도 힘이 들었고, 그조차도 20분 가까이 걸렸다. 내 몸은 불과 두 달 전만 해도 산을 뛰어서 올라가던 몸이었다. 역시… 이변은 없었다. 몸은 정직하다. 물론 전혀 아쉽지 않았다면 거짓말이다. 솔직히 말해서, 그렇게 급격하게 떨어진 운동 능력에 전혀 조급하지 않았던 것도 아니다. 하지만 앞선 경험들은 아주 조금씩 나를 성장시켰다. 이제는 반드시 다시 회복할 수 있다는 믿음, 그리고 조금 천천히 회복해도 괜찮다는 여유가 생겼다. 그리고 그 믿음대로 나는 다시 천천히 회복했고, 얼마 전 인생의 첫 풀코스도 부상 없이 완주할 수 있었다.

우리의 삶이 끝나지 않는 한 크고 작은 파도는 계속 만나게 되어 있다. 하지만 아무리 큰 파도가 들이닥쳐도 우리는 얼마든지 다시 수면 위로 올라올 수 있다. 그런데 중요한 건 그때 물 위로 올라오겠다고 급하게 허우적대면 오히려 더 가라앉는다는 것이다. 오히려 일단 수면 위로 올라오려면 가장 먼저 해야 하는 건 몸에 힘을 최대한 빼는 것이다. 삶에서도 때로는 크고 작은 파도로 인해 가라앉을 때가 있다. 그럴 땐 잠시만 몸에서 힘을 빼고, 여유를 가지고 쉬다 보면 저절로 몸이 회복되면서 다시 헤엄칠 힘이 난다. 그러니, 혹시 지금 인생의 파도를 만나 회복이 필요한 단계라면 조급한 마음에 허우적대기보단 힘을 조금 빼 보면 어떨까?

Chapter 4.

관계

- 사랑이 뭐길래
- 인간은 함께 달렸기에 살아남았다
- 깊은 관계 형성에 필요한 것

사랑이 뭐길래

> 진정한 사랑은 영원히 자신을 성장시키는 경험이다.
>
> — 스캇 펙

‖ 나의 X와 함께한 첫 마라톤

30대가 되니 주변에서 결혼하는 친구들도 하나둘 늘어가고, 확실히 주변에서 들어오는 소개팅 제안도 20대 학생 시절보다 더 많은 것 같다. 그리고 소개를 받을 때 항상 "몸도 보지…?"라는 질문을 받거나 아니면 묻지도 않고 그냥 자기들이 거르기도 한다. (**아니야 그러지 마….**) 혹은 "몸이 근육질은 아니지만 이 사람도 운동 좋아해."라며 운동을 한다는 점을 꼭 강조한다. 나라고 굉장한 몸매는 아니지만, 꾸준하게 운동을 하며 군살이 없는 상태를 유지하고, 운동을 워낙 좋아하니 그렇게 생각할 수 있지만 사실… 꼭 그렇지는 않다. (**진짜다.**) 물론 당연히 나도 사람이라 탄탄하게 관리된 몸을 보면 멋있어 보인다. 하지만 내가 즐기는 활동들을 같이 즐길 수 있는지 아니면 적어도 그것들에 대해 긍정적으로 생각하는지가 나에게는 더 중요하다. 사랑이란 서로 다른 남자, 여자가 만나 서로의 삶을 물들여가며 하나가 되어가는 것 아닐까? 상대와 평생을 함께하든 그렇지 않든, 누군가를 만난다는것은 그 사람의 삶을 어느 정도는 바꾼다는 것이다. 누군가를 사랑하면 평소 나라면 하지 않았을 일까지 상대를 위해 하게 되기도 한다. 달리기를 전혀 좋아하지도, 관심도 없던 내가 처음 마라톤 대회에 나간 것도 당시 사귀던 남자친구 때문이었다.

 2012년~2013년도부터 이미 아디다스, 뉴발란스 등 스포츠 브랜드에서 2030 세대의 취향에 맞게 축제 분위기의 마라톤 대회를 개최하며 청년층 사이에서 마라톤의 인기가 높아지고 있었다. 물론, 인기가 높아지거나 말거나, 그때까지 나에게 마라톤은 남의 나라 이야기였다. 내가 처음 헬스를 시작한 것도 그 해 초여름부터였는데, 실내에서 하는 운동이 더 익숙한 나에게 밖에서 땀나게 달린다는 건 굳이 왜 하는지 이해가 가지 않는 활동이었다. 그런데 나를 처음 헬스장에 데려갔던 남자친구는 마라톤에도 관심이 있어 보였다. 안 그래도 꼭 붙어 지내다가 장거리 연애를 하게 되어 멀어지지 않을까 걱정이 많은 시기였다. 나는 그와 함께할 수 있는 활동이라면 무엇이든 하고 싶은 마음에 나는 "나와 같이하고 싶다."라는 그의 말에 덥석 마라톤을 신청해 버렸다. 그것도 심지어 10km 코스를 말이다. 도대체 무슨 생각으로 10km를 신청했던 걸까? 내가 나를 과대평가한 것인지 혹은 그냥 제일 오랜 시간을 같이 하고 싶었던 것인지, 10km란 거리에 대한 아무런 감도 없었던 나는 러닝머신에서 고작 2km를 두 번 정도 뛰어본 후 마라톤 출발선 앞에 섰다. 그때 신고 있던 신발은 러닝화도 아닌 그냥 패션으로 신던 일반 운동화였다. 차라리 아무것도 모르면 용감하다고, 떠나는 버스 잡을 때나 신호등 건널 때 빼고는 밖에서 달려본 적이 단 한 번도 없던 나는 지금까지 운동해 온 나의 체력과 옆에서 같이 달려줄 남자친구만 믿고 그렇게 첫 마라톤을 시작했다. 생애 처음으로 가장 오랜 시간, 가장 긴 거리를 달리느라 중간중간 무릎도, 옆구리도 아파왔지만 괜히 힘든 티를 내고 싶지 않아 달리는 내내 미소를 유지했다. 그렇게 한 번도 걷지 않고 그와 함께 끝까지 달린 그때 기록은 55분대. 지금도 달리기를 좀 쉬다가 하면 나오기 힘든 10km, 55분 기록이 나의 첫 마라톤 기록이었다.

물론, 지금은 오랜만에 그렇게 달려도 큰 문제가 없지만, 그때는 일주일 넘게 소염제와 근육이완제를 먹으면서 제대로 걷지 못했다. 오히려 얼마 전 풀코스를 뛰고 났을 때가 그때보다 훨씬 더 멀쩡했다. 그때 첫 완주 후 찍은 사진 속 나는 환하게 웃고 있지만, 첫 10km 마라톤은 달리기가 처음인 나에게 굉장한 무리였고, 엄청난 데미지를 남겼다. 당시엔 꾸준하게 축구와 농구 등 운동을 해왔던 남자친구는 나름대로 나에게 맞게 속도를 늦춰주었고, 내가 배가 아프다고 할 땐 멈추기도 했고, 한 번도 더 빨리 뛰라고 강요하지 않았다. 하지만 꾸준히 운동해 온 일반인인 남자친구가 자기 나름대로 노력했던 배려는 너무 생초보였던 나에겐 턱없이 부족했다. 가끔 초보 트레이너도 비슷한 실수를 하는데, 자신은 난이도 조절을 한다고 했지만, 회원에게는 너무나도 강도 높은 운동이라 다음 날 근육통으로 인해 몸살까지 나는 경우가 있다. 같은 강도의 근육통도 몇 번 경험해 본 사람과 생전 처음 겪는 사람이 느끼는 강도는 하늘과 땅 차이다. 지금 내 주변에 있는 운동하는 사람들은 대부분 연인과 함께 즐기거나 상대와 함께 운동하기를 바란다. 그런데 이렇게 운동을 오래 해온 사람이 상대적으로 운동 경험이 짧은 사람과 함께 할 때는 상대를 과대평가하지 않도록 조심해야 한다. 차라리 과소평가하는 것은 운동이 조금 시시한 것으로 끝나고 말겠지만, 과대평가한 채로 강도 높게 진행한 운동은 부상을 남길 수 있기 때문이다. 특히 승부욕이 강하거나 힘든 티를 잘 안 내려고 하는 경우 과거의 나처럼 너무 무리하다가 흥미가 생기기도 전에 지쳐 버릴 수 있다.

  나의 첫 마라톤 이후 거의 2주를 갔던 무릎 통증은 조금씩 나아졌지만, 그로부터 2년이 지난 후에도 오래 걷거나 달릴 때 약하지만 거슬리는 정도의 무릎 통증을 남겼다. 그렇게 강렬한 기억과 부상을 남긴 나의 첫 마라톤 이후, 거의 일 년 넘게 다시는 달리기를 하지 않았다.

‖ 행복하자, 아프지 말고

　대학을 부산으로 가게 되면서 스무 살이 되던 2011년부터 2018년 2월까지 나는 7년 가까이 되는 시간을 부산에 살았다. 그렇다 보니 만나는 사람들도 대부분이 부산, 경상도권 사람들이었고, 남자친구 또한 거의 전부가 부산 사람이었다. 가장 왕성한 활동을 하는 20대의 대부분을 부산에서 보내고 있던 터라 부산에서의 삶이 좋았고, 만나는 남자도 대부분 부산 경상도 사람들이니 취업이든 결혼이든 여기서 해서 앞으로도 당연히 부산에서 살지 않을까 하는 생각을 하며 살아왔다. 춘천과 부산의 거리는 버스로 5시간 걸리는 400km 남짓. 대학생 시절도 하고 싶은 게 늘 많아 바빴던 나는 방학 때도 거의 부산에서 지내며 명절에만 한 번씩 춘천에 다녀왔고, 부모님과의 시간도 좋지만 부산에서 만난 사람들, 남자친구와 보내는 시간이 더 즐거울 나이였다. 그러던 2015년 어느 가을날, 그 날은 중간고사 마지막 과목 시험 날이었다. 여느 시험날처럼 시험을 치고 전날 늦게까지 공부한 탓에 피곤에 쩔은 채로 꺼둔 핸드폰을 켰고, 청천벽력 같은 소식을 담은 카톡이 와있었다. 나에게는 부모님과도 같았던 큰아빠께서 돌아가셨다는 소식이었다. 그 자리에 주저앉는다는 말이 문자 그대로 '주저앉는다'는 말이란 걸 그때 처음 알았다. 오래전부터 당뇨병을 앓으셨고 한 번씩 쓰러지시면서 놀라게 하셨지만, 그래도 다시 어느 정도 회복되시며 10년을 지내 오셨다. 여름방학 춘천에 있을 때 입원해 계셨던 큰아빠를 보러 갔을 때도 아프신 모습에 속상했지만 설마 그게 마지막일 거라고는 전혀 상상하지 못했다. 아주 어릴 때 할머니가 돌아가신 이후로, 사랑하는 누군가와 사별하는 경험은 그것이 처음이었다. 그때야 잊고 지내왔던 당연한 사실을 하나 깨닫게 되었다. 사랑하는 부모님과의 시간도 사실은 그렇게 많이 남은 건 아니라는 것. 물론 그 후에도 여전히 방학에도 내 할 일들로 바빠 부산에서 보내는 시간이 더 많았지만, 춘천에 가면 부모님과 보내는 시간이 훨씬 더 소중하게 느껴졌다.

4년 전쯤 처음 아빠가 당뇨 전 단계 진단을 받으셨다는 소식을 들었을 땐 마치 당장 돌아가시기라도 한 것처럼 가슴이 철렁 내려앉았다. 이미 큰아빠를 보내며 자라 보고 놀란 가슴이라, 솥뚜껑이 아닌 냄비 뚜껑만 봐도 가슴을 쓸어내리며 아빠의 식습관을 가지고 장문의 카톡으로 폭풍 잔소리를 해댔다. 어른이 되는 과정은 참 힘든 일이라며 치열하게 20대를 살아온 것 같았는데, 부모님은 그런 딸 셋을 키워내시느라 더 치열한 삶을 살며 고등학생 때 보았던 모습보다 훨씬 늙어 계셨다. 우리가 어릴 때 맞벌이하시는 부모님 대신 우리를 챙겨주셨던 할머니는 이미 치매를 앓기 시작하셔서 이제는 반대로 우리의 돌봄이 필요하시다. 그러나 아무리 우리가 안타까워한다고 시간이 어디 기다려주던가? 오히려 전보다 더 빠르게 흐르는 시간은 꼬박꼬박 잘도 흘러 2018년 12월이 되었고, 당시 나는 첫 직장에서 몸을 돌보지 않고 무리한 탓에 응급실로 실려 가 수술을 하고 퇴원한 상태였다. 그리고 그때를 계기로 커리어에 대해 진지하게 고민할 수 있는 시간을 가진 나는 퇴사를 하기로 했다. 그 후에 새로 다니게 된 직장이 재택근무를 하는 덕분에 나는 스무 살부터 이어졌던 오랜 자취 생활을 잠시 접고 부모님이 살고 계신 춘천에 다시 들어와 살게 됐다. 부모님도 나도 예상치 못한 전개였지만, 우리는 이 시간도 그리 길지 않을 것이기에 너무나도 귀하고 소중한 걸 알고 있었다.

성인이 되어 부모님과 같이 사는 것이 불편하지 않은지 궁금해하는 사람들도 있는데, 당연히 혼자 살 때보다는 불편한 점이 없을 수 없지만, 충분히 적응할 수 있는 것들이었다. 이미 8년 자취하면서 다 배웠을 거라며 나에게 설거지 한 번 시키지 않으셨고, 나는 주말이 되면 부모님, 할머니와 함께 예쁜 카페며 산책로를 찾아 함께 시간을 보내곤 했다. 그렇게 함께 살면서 가까이서 보고 있으니, 엄마 아빠는 확실히 많이 늙어 계셨다.

아무래도 이직한 곳에서 하는 일도 건강 관리 코칭이다 보니, 건강에 관해서는 늘 내가 잔소리를 해댔다. 식사는 그래도 협조적인(?) 엄마 덕분에 식탁 반찬을 바꿀 수 있었지만, 당뇨 전 단계 진단을 받으신 아버지가 운동하시게 만드는 것이 제일 어려웠다. 우리나라에서 제일 유명한 수학 1타 강사도 자기 자녀의 수학 점수는 못 올린다고 하는데, 회사에서 수많은 회원의 체중 감량을 돕고 운동을 시작하게 했던 나도 정작 같이 사는 우리 아빠를 움직이지 못하고 있었다. 헬스장은 죽어도 싫다는 아빠가 어떻게 하면 운동을 할 수 있을까 고민하던 중, 아버지의 '내가 왕년에는 말이야' 이야기에서 고등학교 시절 풀코스 마라톤을 뛰셨다는 이야길 들으며, '이거다!' 하는 생각을 했다. 첫 마라톤에 제대로 데인 후 1년 동안 절대 뛰지 않았고, 그 후 딱 한 번 친구와 다시 마라톤에 나가보기도 했지만, 여전히 '좋아하는 운동'은 아니었다. 하지만 아빠가 유일하게 흥미를 보이시는 운동을 발견한 마당에 내 취향 같은 건 중요하지 않았다.

"아빠, 나랑 같이 마라톤 나갈래?"라고 말은 했지만 나도 아는 마라톤 대회라고는 17년도 내가 처음으로 나간 아모레퍼시픽이 주최하는 핑크런 마라톤이 전부였다. 다행히 그 해에도 핑크런이 부산에서 열리며 참가자를 모집하고 있었고, 마침 나와 같은 대학을 다닌 둘째가 아직 부산에 살고 있었다. 둘째도 볼 겸 부산 가서 마라톤을 해보자고 했더니 엄마도 둘째 딸 보러 부산 가고 싶으시다 하시고, 막내도 자기도 부산에 놀러 가고 싶다며 판이 커졌다. 그렇게 갑자기 마라톤을 시작으로 온 가족이 떠나게 된 부산 여행이었다. 대부분의 대회는 최소 거리가 5km부터 시작하는데, 이 대회는 3km 코스도 있어서 아직 무릎에 큰 문제가 없으신 엄마도 도전해 볼 만한 코스였다. 아직 운동의 필요성을 느끼지 못한 두 동생들은 아침부터 달리기 싫다며 숙소에서 우리를 배웅했고, 대회 당일 엄마, 아빠, 나 이렇게 셋이서 광안리 대회장으로 나갔다. 엄마, 아빠와 함께 사진 찍고 즐기며 달린 마라톤은 즐거움 그 자체였다. 달리는 걸 좋아하진 않았지만, 엄마, 아빠와 중간중간 멈춰 사진도 찍고 엄마에게 맞추어 걷다 뛰다 하는 시간은 마치 역동적인 산책 같았다. 우리 아빠는 수십 년 만에 다시 시작해 본 마라톤에 '왕년'을 되돌려보고 싶은 마음이 드셨던 걸까, 아니면 영영 떨어져 살 줄 알았던 첫째 딸과 함께 한 시간이 좋아서였을까? 그 후로 아빠는 나와 함께 마라톤에 계속 도전하고 싶어 하셨다. 그렇게 그해 봄 나는 아빠와 함께 저녁마다 집 근처 산책로를 함께 달렸고, 대회에 함께 나갔다. 그렇게 몸을 움직이는 것에 조금씩 다시 익숙해지신 아빠는 PT도 받으시며 근력 운동까지 시도해 보셨는데, 내가 아는 우리 아빠에겐 크나큰 발전이었다. 지금도 여전히 나의 잔소리가 무서워 아침 식사 후엔 바둑이를 데리고 산책하러 나가시는 우리 아빠. 요즘 또 너무 바빠지면서 아빠와 달리는 시간이 거의 사라진 것이 한편으로는 많이 아쉽기도 하다. 올해는 꼭 시간을 내서 엄마와 아빠를 모시고 운동을 좀 도와드리려고 한다. 이렇게 남들 다 사서 보는 책에다가 선언했으니 나도 엄마, 아빠도 이제 더는 못 미룬다. 올해는 우리 엄마, 아빠 운동 시작하는 거다.

∥ 강아지도, 사람도 산책이 필요해

나의 인스타그램 스토리에 가장 자주 올라오는 소재를 꼽자면 아마 엄마가 차려주시는 아침상인 #재희네식탁, 그리고 나의 사랑하는 반려견 바둑이가 아닐까? 세어보진 않았지만, 경험상 아마 분명히 맞을 거다. 바둑이는 2010년에 태어나 생후 2개월 때 우리 집에 왔다. 사실 그때만 해도 주변에 반려견, 반려묘 키우는 사람이 많지 않아서 반려동물 키우는 사람을 보면 그렇게 반가울 수가 없었다. 그런데 이제는 반려인 천만 시대라고 한다. 한마디로, 사람 4명이 모이면 그중에 한 명은 반려동물과 함께 살고 있다는 것. 지난 2022년 9월, 인천에서 열린 반려견과 함께하는 마라톤 행사 '댕댕런'에는 무려 5,000명이 참가하며 반려견과 함께 걷고 달리는 축제를 즐겼다. 그리고 당연히 나도 우리 사랑하는 바둑이와 그 5,000명 중에 있었다. 그뿐만 아니라 지난 5월에는 정선의 한 리조트에서 열리는 '댕댕트레킹'에 참가해 바둑이와 함께 산을 달리는 트레일 러닝을 즐겼다. 우리 바둑이는 커다란 중·대형견들이 출전하는 10km 코스에서 무려 15등을 했다…고 굳이 이 책에까지 자랑하고 있는 것을 보니 나는 팔불출 반려인임을 쿨하게 인정해야겠다. 그리고 이렇게 다양한 반려견 관련 행사의 중심에는 역시 우리들의 개통령 강형욱 님이 있다. 대한민국에서 그를 모르는 사람이 있을까? 올바른 반려견 문화를 전파하는 데 일등공신을 꼽는다면 나는 강형욱 님이 가장 먼저 생각난다. 나도 사랑하는 반려견인 바둑이와 함께 살며, 서로가 좀 더 행복하기 위해 강형욱 님이 출연하는 TV 프로그램이나 영상들을 열심히 챙겨봤는데, 대부분의 솔루션에 마치 음식에 들어가는 소금처럼 항상 들어가는 것이 있다. 바로, 산책이다. 그것도 그냥 시간 되면 하는 산책이 아니고 '매일 하는 산책'. 한국보다 먼저 반려견 문화가 정착한 선진국들은 반려견을 입양하는 절차를 굉장히 까다롭게 해두었다. 충분히 책임지고 돌볼 수 있는 사람만이 반려동물을 입양할 수 있으며, 입양 후에도 지켜야 하는 법적인 의무들이 있다. 그 의무 중 하나가 바로 하루 '한 시간 이상' 산책하는 것이다. 우리나라에도 이 법을 적용하면 천만 반려인이 거리 시위를 할지도 모른다. 산책을 '하라'는 것이 솔루션으로 나오는 마당에 '하루 한 시간 산책 의무'는 어불성설이다. 당장은 현실성이 없다고 해도 한번 상상이라도 해보자. 만약 한국에도 이런 법이 생긴다면 강아지만 좋은 일일까? 아마 그렇게 된다면 분명히 천만 반려인들이 육체적, 정신적으로 지금보다 더 건강한 삶을 살 것이라고 나는 확신한다. 왜? 걷기가 좋은 운동이니까? 그런데 그냥 걷는 게 운동 효과가 있긴 한가?

걷기는 운동 습관이 전혀 없는 일반인이 가볍게 시작하기 좋은 활동이다. 과거엔 '만 보 걷기'가 사망률을 현저하게 낮춘다는 연구를 바탕으로 '만보기'가 건강 아이템이 되기도 했다. 그러다가 최근 들어서는 그 기준이 조금 달라지면서 7,000보를 걷는 것이나 만 보를 걷는 것이나 그 효과는 비슷하다는 연구들도 나오고 있다. 7천 보를 걷는 데 보통 한 시간 정도가 걸리는데, 그렇다면 반려견과 하루 한 시간씩 걷는다면 그건 특별한 운동 효과가 있을까?

아마 여러분이 궁금한 '운동 효과'라 함은 살이 빠지거나 다리 근육이 발달하거나 심폐지구력이 좋아지거나 하는 등 대부분 피트니스적인 효과를 기대할 것이다. 결론부터 말하자면 '일부' 사람들에게는 그런 효과가 있을 수 있다. 하루에 2,000보도 걷지 않는, 하루의 활동량 자체가 너무 부족한 사람이거나 거동이 불편한 사람, 노약자, BMI 35 이상의 고도비만이라면 걷기부터 시작하는 것을 추천한다. 하지만 여기에 해당하지 않는 대다수 사람에게는 걷기로 여러분이 바라는 그런 눈에 띄는 운동 효과를 보기는 조금 어렵다. 아, 물론 숨이 차도록 빠르게 걷는다면 운동 효과를 높일 수 있다. 하지만 우리가 지금 걷기 얘길 시작한 건 '하루 한 시간 반려견과 산책하기'에서 시작했는데, 반려견과의 산책은 반려견의 성격에 따라 다르지만 그렇게 일정하고 빠르게 걸을 수 있는 시간이 아니다. 중간중간 반려견이 배변을 하기도 하고, 중간에 멈춰 유심히 냄새를 맡기도 한다. 그런 반려견을 재촉하는 건 그다지 좋은 산책이 아니다. 문제는 그렇게 여유롭게 걷는 것으로는 운동 효과가 없다는 건데, 그렇다면 역시 반려견 산책은 사람에게는 그냥 반려견에게 희생하는 시간인 걸까?

결론부터 말하자면 전혀 그렇지 않다. 일단 걷기가 운동 효과가 (거의) 없는 이유는 그만큼 몸에 큰 자극을 주지 않기 때문이다. 운동이라는 것은 몸에 인위적인 스트레스를 주는 것인데, 걷기는 그만큼의 스트레스를 주지 않는다. 바로 그게 걷기의 장점이다. 물론 누군가에게는 안전한 운동이 되기도 하지만, 누군가에게는 그것이 몸과 뇌에 진정한 휴식이 되기도 한다. 휴식이라고 해서 반드시 가만히 누워서 아무것도 하지 않는 걸 의미하지는 않는다. 물론 몸을 너무 많이 움직여 고된 날은 누워서 쉬는 것이 필요하다. 하지만 대부분 사람이 퇴근 후에 지치는 건 몸을 너무 많이 써서라기보단 하루 종일 두뇌 활동을 하며 정신적인 스트레스를 많이 받았기 때문이다. 그렇다고 잠시 뇌를 쉬어줄 필요가 있다면서 그대로 침대에 누워버리면, 과연 우리는 뇌를 쉬게 해

줄까? 사실 인간의 뇌는 가만히 있을 때 더 쉽게 부정적인 생각을 한다고 한다. 수백만 년을 맹수나 적에게 공격당할 위기에 항상 노출되어 있는 시대를 살던 인류는 근 200~300년 안에야 이렇게 비교적 안전한 시대를 살게 되었고, 우리는 그 시대에 태어난 행운아이다. 그러나 뇌는 우리의 조상들이 살아온 시대를 기억하고 있어서, 늘 위험에 대비하고 살아남기 위해 가만히 있을 때는 여전히 부정적인 생각을 먼저 떠올린다. 그뿐일까? 쉰다고 누웠지만 우리는 손에 쥔 스마트폰으로 온라인 세계에서 24시간 연결되어 끊임없이 사람들과 관계를 맺고 있다. 그런 시간 속에서 뇌가 쉴 시간이 있을 리가 없다. 그리고 대부분 사람이 받는 스트레스는 육체적 스트레스보다는 정신적 스트레스가 더 많고, 정신적인 스트레스는 신체 활동을 통해 더 효과적으로 해소할 수 있다. 그리고 저강도에서 중강도의 활동을 할 때 뇌로 보내는 혈류량이 약 20% 증가한다. 가만히 있을 때보다 움직일 때 산소를 더 많이 들이마시는데, 그게 뇌로 더 많이 전달되는 것이다. 그래서 우리는 밖으로 나가 걸어야 한다. 그런데 심지어 당신과 나가고 싶어 하는 반려견이 곁에서 꼬리를 흔들며 기다리고 있다고? 어쩌면 당신이 반려견을 산책시켜주는 게 아니라 반려견이 당신의 온전한 쉼을 위해 함께 걸어주는 걸지도 모른다.

우리 집에서 바둑이를 주로 산책시키는 사람은 나와 우리 아빠다. 사실 우리 집이야말로 바둑이가 우리 아빠를 산책 시켜주는(?) 것 같기도 하다…! 바둑이가 나를 사랑해 주는 만큼 나도 바둑이를 너무 사랑하지만, 나는 아직도 하루 10분 산책도 겨우 이어나가는 부족한 보호자다. 이 글을 쓰면서 또 한 번 요즘 나는 바둑이와 얼마나 자주 산책을 했는가 되돌아본다. 집필 마감이 임박해 오면서 충분한 신체 활동을 거의 못하고 있는 요즘, 부지런히 글을 마무리하고 나면 바둑이가 빨리 나 좀 산책시켜줘야 할 것 같다.

인간은 함께 달렸기에 살아남았다

이제는 다양한 외모의 여성들, 모든 여성이 달리고 있다. 그리고 아무도 그것을 눈여겨보지 않는다. 왜냐하면 달리는 여성은 이젠 그저 지나치는 자연스러운 풍경의 하나이기 때문이다. 그런 사실이 무척 맘에 든다.

— 캐트린 스위처(마라톤 여성 참가 공식 허용 전인 1967년에 보스턴 마라톤 완주)

‖ 즐겁게 달리는 방법: 함께 그리고 천천히

아빠와 마라톤을 몇 번 나가본 후에도 달리기와 친해지기는 영 쉽지 않았다. 하지만 '인생의 낭비'라고 하는 SNS가 이어주는 느슨한 연결이 때로는 좋은 계기를 만들기도 한다. 당시 나는 '러닝 전도사'로 유명한 인플루언서 안정은 님의 책을 읽고 그녀의 인스타그램을 팔로우하고 있었다. 그러던 어느 날 그녀의 피드에 "수원에서 런트립과 함께 보육원 봉사활동을 한다"는 공지가 올라왔다. 런트립이란 Run(달리기)+Trip(여행)으로 만든 합성어로, 여행지에 가서 달리기를 하는 것,

혹은 달리기를 할 목적으로 여행을 가는 것을 말한다. 여행까지 가서 굳이 달리기할 만큼 러닝과 친하지 않을 때였지만 수원이라는 점, 그리고 보육원 봉사 활동이라는 말에 나의 가장 친한 친구인 S가 생각났다. 안 그래도 수원에 사는 S를 만나러 갈 생각이 있었는데, 당시 그녀는 꾸준하게 달리기를 하고 있었고, 일단 무엇보다 그녀는 아이들이라면 환장을 하는 사람이다. 이건 딱 봐도 그녀가 좋아할 것 같은 행사였다. 역시 그녀는 너무 좋다고 당장 신청하자며 벌써부터 들뜨기 시작했고, 그렇게 나는 수원으로 첫 런트립을 떠났다.

  수원 화성에서 만나 화성 행궁동을 둘러보고 문화 해설사님의 간단한 설명을 듣는 것까지는 여느 여행과 다른 바 없었다. 그런데 그 뒤에 이어진 달리기는 지금까지 내가 알던 달리기와 완전히 다른 느낌의 새로운 경험이었다. 그 자리에 모인 사람들이 함께 줄지어서 음악을 들으며 도심을 달리고, 빠르면 빠른 대로 느리면 느린 대로 사람들과 어울리며 중간중간 사진도 찍는다. 사람들과 함께 천천히 달리며 주변을 구경하고 사진도 남기는 과정은 정말 마치 역동적으로 즐기는 소풍 같았다. 사실 지금까지 달리기는 나에게 그렇게 긍정적인 느낌의 운동은 아니었다. 고마운 점이라면 그냥 아빠가 운동을 시작할 수 있게 해주고, 같이 마라톤에 참가한 추억을 남겼던 것? 그 외에 내가 달리기를 한 동기는 그저 기록뿐이었다. 맨 처음 나간 마라톤의 기록을 보고 사람들이 "잘 뛰었다", "처음인데 대단하다."라고 해준 칭찬이 좋았고, 달리기 좋은 봄 시즌 아빠와 함께 나간 대회에 우연히 달리기 고수들이 나오지 않아 운좋게 3등으로 입상한 경험이 짜릿했을 뿐. 여름이 되니 '더워서 못 달리겠다'며 냉큼 달리기를 접어버렸다. 그때까지 나는 달리는 건 그냥 힘들고 끝날 때까지 버티는 시간인 줄만 알았다. 그런데 런트립에서 경험한 '소풍 같은 달리기'는 달리기에 대한 내 생각이 바뀌는 결정적인 계기가 되었다. 함께 즐겁게 달려본 경험을 하고 나니 달리기에 대한 흥미가 그제서야 싹트기 시작한 것이다. 그러다 보니 당시 춘천에서 헬스를 통해 알게 된 지인분이 전부터 추천했던 '달리기하는 모임'에 나가보고 싶은 마음이 들었다. 2030 세대의 마라톤 동호회를 '러닝크루'라고 하는데, 알고 보니 그 달리기 하는 모임이 바로 '춘천 러닝크루'였다.

그렇게 처음 나간 러닝크루는 신선한 경험이었다. 정해진 시간에 모여 다 같이 스트레칭을 하고, 조를 나눠 달리기 시작한다. 처음이라 천천히 달리는 팀에서 달리고 있으니, 팔다리가 길쭉해 딱 봐도 달리기 잘하게 생긴 남자분이 다가와 말을 건다. 잘 달리는 것 같다, 호흡이 안정적이라며 건네는 칭찬에 살짝 기분이 좋아졌는데, 사실 나는 러닝크루에 영업 당하고(?) 있었다. 그렇게 나는 얼마나 뛰는 건지도 모르고 그냥 사람들을 따라 달리면서 이런저런 이야기를 나누었고, 말까지 하느라 숨이 좀 차긴 했지만, 생각보다 시간이 빨리 갔다. 혼자 뛰면 그렇게 시간이 안 가고 폐가 터질 것처럼 숨쉬기도 힘들었는데, 신기하게도 그때는 내 다리와 폐가 마치 그냥 각자의 일을 하듯이 다리는 그냥 저절로 달리고 있고, 폐는 알아서 숨도 쉬고 말도 하고 있었다. 사실 런트립에서 달린 거리는 합치면 3km도 되지 않았고, 신호등을 만나면 멈추기도 하며 안전을 위해 의식적으로 천천히 달렸다. 그래서 할 만했나 보다 싶었는데, 이번엔 마치 마라톤 때처럼 한 번도 안 쉬고 4km 남짓을 달린 것이 정말 신기했다. 연습 삼아 혼자 달릴 땐 분명히 2km도 죽을 맛이었다. 아마 혼자서만 뛰다가 러닝크루에서 달려본 사람들 모두 이런 비슷한 경험을 했을 것이다. 물론 너무 빠른 팀에서 달리면 당연히 힘들지만, 나와 속도가 맞는 사람들과 같이 뛰면 혼자 달릴 때보다 훨씬 덜 힘들고 시간도 빨리 간다. 단순히 함께 달렸기 때문에 가능했던 걸까? 물론 인간은 정말 철저하게 사회적 동물인지라 누군가 함께하는 그 자체만으로도 인내력과 의지력이 높아진다. 하지만 혼자 달릴 때도 이렇게 숨을 편안하게 쉬며 달리는 사람들도 있다. 심지어 중간에 전화도 받는다. 왜 어떤 달리기는 숨이 터질 듯이 힘든데, 어떤 달리기는 편안한 호흡으로 할 수 있는 걸까?

Tip. 왜 나는 유독 달리기가 힘들까?

🏃 속도가 자꾸 바뀌어서.

시내에서 주로 운전하는 차와 고속도로를 주로 운전하는 차 중에서 어떤 차가 더 연비가 좋을까? 정답은 바로 고속도로다. 난폭하게 칼치기 추월을 하며 달리는 게 아닌 이상, 대부분 고속도로에서는 시내에서

보다 오래 일정한 속도를 유지하면서 달린다. 그러나 시내에서는 신호를 비롯한 변수가 많으므로 브레이크와 액셀러레이터(이하 액셀)를 번갈아 가며 밟아야 한다. 여기서 포인트는 '액셀'을 자주 밟는다는 것이다. 고속도로에서는 액셀에 가볍게 발을 올려놓고만 있어도 일정한 속도로 쭉 잘 나간다. 하지만 시내에서는 멈추었다가 다시 액셀을 밟는 '변속'을 많이 해야 하는데, 이 '변속'을 할 때 차는 많은 힘을 소비한다. '에이, 차와 사람이 같나?' 싶은 생각이 들겠지만 '힘의 원리'는 같다. 고등학교 때 배운 힘의 법칙, $F=ma$를 기억하는가? 여기서 a가 바로 가속도인데, '속도의 변화'를 의미한다. 이 공식의 의미는 간단하다. 속도를 바꾸는 건 힘이 든다! 이 공식을 보면 가속도가 올라가면 힘도 커진다. 자동차로 치면 기름을 더 쓴다는 거고, 사람으로 치면 에너지원을 더 쓴다는 것, 즉 속도를 바꿀 때마다 내가 힘을 써야 한다는 거다.

아무튼, 당시 내가 처음 러닝크루에 나가서 뛰었던 속도는 1km를 6분 30초로 달리는 속도였고, 그 속도는 거의 일정했다. (1km를 6분 30초 동안 달리는 속도를 630 페이스라고 표현한다.) 그에 비해 과거 내가 혼자 뛰었던 마라톤 기록의 구간 속도들을 보면 속도 변화가 엄청나다. 처음에는 730 페이스로 시작했다가 어느 구간은 440 페이스까지 올라가며 오르락내리락을 반복했다. 한마디로 액셀을 살살 밟았다가 세게 밟았다가 하며 계속 힘을 낭비한 것이다. 그러니 죽도록 힘들었을 수밖에. 장거리를 달리는 마라톤 경기에서 가장 중요한 것은 일정한 페이스로 달리는 것이다. 그래서 마라톤을 두고 멘탈 싸움이라고 하기도 한다. 누군가 나를 앞질러 간다고 함부로 속도를 높였다가 아뿔싸 싶어 다시 속도를 줄이지만 그 과정에서 또 에너지가 소비된다. 물론 그래도 빠르게 내 페이스로 돌아와야지, 오기 부리며 무리한 속도로 쫓아갔다가는 남은 거리는 아예 걷게 될 수도 있다. 장거리를 달리기 위해선 내가 어떤 속도로 얼마나 유지할 수 있는지를 알아야 하고, 그 방법은 바로 연습과 경험뿐이다.

🏃 너무 빨리 달려서(무산소 역치).

너무 당연한 얘기라서 코웃음을 치는 소리가 벌써부터 들리지만, 사실 생각보다 많은 사람이 하는 실수다. '너무 빨리'라는 기준은 당신의 생각보다 훨씬 낮을지도 모른다. 물론 훈련을 목적으로 의도해서 빨리 달리는 것은 그럴 수 있다. 하지만 '나는 달리기를 즐기고 싶어!'라고 말하며 시작했다가, 본인의 페이스보다 너무 빠르게 달리고 '힝…, 달리기는 너무 힘들어….'라는 생각으로 끝나는 달리기를 반복한다면 당신은 너무 빠르게 달리고 있을 가능성이 크다. 한마디로, 아직 내 체력으로는 오래 지속하기 어려운 속도라는 말이다. 물론 3~5km 정도는 나에게 버거운 페이스라도 악으로 깡으로 버틸 수 있을지 모른다. 하지만 거리가 길어질수록 최대한 편안한 속도로 달려야 한다. 그렇다면, '너무 빠르지 않은' 페이스는 어떻게 알 수 있을까?

답은 분당 심박수에 있다. 달리기 속도가 빨라질수록 심박수가 빨라진다는 사실은 아마 경험을 통해 모두가 알 것이다. 최대 속도로 달리면 심박수도 최대로 오르는 데 이때의 심박수를 '최대 심박수'라고 한다. 그리고 앉거나 누워서 아무것도 하지 않을 때는 반대로 심장이 천천히 뛰고, 이때의 심박수를 '안정 시 심박수'라고 한다. 이 최대 심박수는 굳이 전력질주를 해보지 않아도 간단하게 (220-나이) 공식으로 예측하기도 한다. 운동하는 동안 심박수가 변하는 범위에 따라 운동 강도를 나누는데, 최대 한계치 심박수의 70~80% 정도로만 뛸 정도의 운동을 두고 '유산소 범위' 운동이라고 한다. 사실 요즘은 웨어러블 심박 장치가 보편화 되어서 복잡하게 계산할 필요 없이 누구나 4~5만 원이면 심박수가 체크되는 심박 밴드를 살 수 있다. 보통 심박 밴드를 사면 나의 나이와 키, 체중을 입력할 수 있고, 이를 기반으로 최대 심박수와 안정 심박수가 계산되어 어느 정도의 심박수가 어느 정도의 강도인지 확인할 수 있다. 혹 심박수 체크가 어렵다면 호흡을 통해 대략적으로 강도를 확인할 수 있다. 달리는 도중 친구한테 전화를 걸어 오늘 저녁 뭘 먹을지 2~3분은 가볍게 얘기할 수 있는 정도의 속도여야 한다. 물론, 거친 숨을 내쉬는 부담스러운 대화가 아닌, 듣는 사람이 내가 뛰고 있는지 몰랐을 정도의 편안한 호흡으로 말이다.

이렇게 의식적으로 '천천히' 달리는 연습이 필요한 이유는 단지 즐거운 달리기만을 위해서가 아니다. 앞서 언급했듯이 거리가 길어질수록 최대한 편안한 속도로 달려야 하는데, 이 '편안한 속도'에서 달릴 때 쓰는 에너지원의 50% 이상이 바로 지방이다. 지방을 태운다는 건 두 가지를 의미한다.

 태울 수 있는 에너지원이 매우 많다(지방이 많으니까), 그리고 유산소 운동이 잘 되고 있다.

 반면에 편안한 속도를 넘어 너무 빨리 달리게 되면 우리 몸에선 유산소 운동이 아닌 무산소 운동을 하게 된다. 무산소 운동은 지방이 아닌 탄수화물을 태운다. 무산소 운동을 할 땐 탄수화물(포도당) 한 분자를 태우면 에너지원(ATP)을 고작 2개 밖에 못 만든다. 유산소 운동으로 태우면 거의 40개를 만드는데 말이다. 게다가 몸에서 무산소성 대사는 피로 물질도 남기기 때문에 '무산소 운동'을 오래 하게 되면 금방 온몸이 피로해져 오래 달릴 수 없다. 당신의 달리기가 힘든 두 번째 이유는 결국 너무 빨리 달려서 몸이 '무산소 운동'을 하느라 너무 빨리 피로해진 것이다.

 인체의 에너지 시스템은 항상 위험에 대비할 수 있도록 설계되어 있고, 언제라도 전력 달리기를 할 힘만큼은 반드시 남겨놓는다. 그 전력 달리기는 오로지 탄수화물이 남아있을 때만 가능하다. 이렇게 탄수화물은 가장 빠르고 효율적으로 동원할 수 있는 에너지원이지만, 몸에 많이 저장할 수가 없다. 탄수화물을 저장할 수 있는 곳은 간과 근육뿐이고 그마저도 간은 400kcal, 근육은 '최대' 2,000kcal까지 저장할 수 있다. (이것도 **근육량이 매우 많다**는 전제일 경우다.) 그에 비해 지방은 에너지원으로 쓰려면 일단 탄수화물이 에너지원으로 타고 있어야 하고, 속도도 매우 느리다. 대신 일단 태우면 탄수화물의 두 배 이상인 9kcal의 에너지를 낸다. 그렇다면 지방의 저장량은…? **(여기까지.)**

   사람마다 차이가 있을 수 있지만 풀마라톤을 달리면 보통 달리는 데만 4,000~5,000kcal를 소비한다고 한다. 그렇다. 우리 몸에 저장된 탄수화물로는 턱도 없으며, 사실 탄수화물을 진짜로 끝까지 다 소비하게 될 것 같으면 이미 뇌에서는 생존을 위해 우리의 운동을 강제 종료시켜 버린다. 탄수화물만 사용할 줄 아는 뇌에서는 우리 몸에서 만드는 에너지 중 무려 20%를 사용하는데, 언제 단백질과 지방을 탄수화물로 바꿔서 그걸 다시 태우고 앉아있겠는가? 즉, 마라톤이라는 경기는 누가 누가 탄수화물을 최대한 아끼고 지방을 많이 태우며 완주하느냐에 달렸다고 해도 과언이 아니다.

   물론 천천히 달려야 한다고 해서, 언제까지나 느린 속도로만 달려야 하는 건 아니다. 꾸준하게 달리기를 할수록 몸에서 지방을 에너지로 끌어다 쓰는 능력이 좋아져, 지금보다 빠른 속도에서도 심박수가 쉽게 높아지지 않고 편안하게 달릴 수 있을 것이다.

‖ 여성이 달리기를 해야 하는 이유

   여성 남성 불문하고, 모든 운동은 각각의 장단점이 있다. 그리고 남녀 불문하고 달리기를 하면 심폐기능이 향상되고, 스트레스 수치가 감소하며, 피로 회복 능력이 향상되고, 지방을 에너지로 태우는 능력(=유산소 능력)도 좋아진다. 달리기를 하면 이런 장점들이 있지만, 오랜 기간 달리기를 하다 보니 여자로서 느끼는 달리기의 특별한 장점들이 있다.

🚶 1. 불안정한 호르몬에도 흔들리지 않는 몸과 마음

꾸준한 달리기는 많은 여성이 경험하는 월경전증후군, 생리 중의 불안과 우울감을 완화해 준다. 이는 가임기를 짧게 30년으로만 가정하고 월경전증후군~생리 기간이 약 일주일이라고 가정해도 무려 7년이란 시간을 한결 나은 컨디션으로 보낸다는 얘기다. 가임기 여성을 매달 괴롭히는 이 호르몬이란 물질은 성욕, 식욕과 같은 원초적 욕구부터 해서 사랑, 모성과 같은 고차원적 감정들을 느끼는 데 큰 영향을 준다. 그래서 인간은 어느 정도는 호르몬의 노예가 맞다. 물론 사람마다 그 욕구나 감정에 반응하는 방식은 다르지만, 호르몬이 안정적인 상황과 불안정한 상황은 상당히 다른 결과를 만든다. 호르몬이 불안정하면 마치 사춘기 때처럼 몸과 마음의 급격한 변화를 겪기 쉽다. 그런데 여성들은 이런 변화를 가임기인 약 40년 동안 매달 한 번씩 경험하며, 임신과 출산, 폐경을 겪을 때는 더 큰 변화를 겪는다. 여자들의 불만을 '예민보스'로 받아들이는 건 잘못된 거지만, 생물학적으로는 예민할 수밖에 없는 조건을 가지고 있는 것도 사실이다. 생리대 광고를 보면 꼭 그렇게 평화로운 얼굴을 하고 생리를 하는 건지 안 하는 것인지 모르겠다는 표정으로 순면을 강조한다. 솔직히 난 공감 못 하겠다. 무슨 생리대를 차든 그냥 모든 게 불편하고 힘들고 짜증 나는 생리 기간을 좀 더 편하게 만들어주는 건 순면 생리대보다 달리기가 더 효과적이다.

달리기를 하면 이러한 호르몬의 변화에도 흔들리지 않는 강한 멘탈과 체력을 만들 수 있다. 1992년 듀크대학의 제임스 블루멘탈 박사의 연구 결과, 이러한 호르몬으로 인한 증상을 운동이 완화시켜 줄 수 있다고 한다. 연구에서는 특히 근력 운동보다 달리기를 한 여성에게서 더 좋은 변화가 많이 나타났다. 뇌과학자들의 연구에 의하면 달리기를 하면 행복감을 느끼는 세로토닌 분비가 늘어나고, 무엇보다 GABA라는 아미노산 생성이 활성화되는데, 이는 신경이 예민해지는 것을 억제해주어서 수면 질 개선 영양제로도 쓰인다.

🏃 2. 얇고 슬림하지만 동시에 강한 체력

꾸준하게 달리기를 하면 에너지 소비 능력이 향상되며 특히 지방을 에너지로 태우는 능력이 좋아져 체지방량을 조절하는데 훨씬 유리하다. 게다가 달리기로 발달하는 근육은 '지근'이라는 섬유로 사이즈가 커지는 섬유가 아니다. 물론, 미의 기준에 대해서는 정말로 꼭 슬림한 몸만이 아름답다고 생각하지 않는다. 하지만 분명 개인의 취향이나 선호가 슬림한 몸인 사람도 존재하고, 나 또한 과거 (너무 많이) 슬림하던 시절 입던 옷들을 입지 못하는 게 불편한 것도 사실이다. 근육량을 늘리려면 중량을 드는 운동을 해야 한다는데, 근육이 커지며 몸 사이즈까지 바뀌는 걸 원하지 않는 사람도 있을 수 있다.

중량 운동을 하다 보면 무게 욕심은 나는데, 내가 원하는 몸의 모양에서 벗어날까 봐 걱정된다면 달리기가 제격이다. 단, 그렇다고 달리기'만' 하는 것은 근육'량'을 늘리는 데 효과적이지 않다. 근육의 '양'을 유지하기 위해서는 저항 운동이 필요하고, 보강 운동의 개념으로 중량 운동을 병행해 주는 것이 필요하다.

물론 나는 달리는 데 큰 문제가 없다면 누구에게나 달리기를 추천하지만, 여성에게는 특히나 더 달리기를 추천하고 싶다. 꽤 많은 여성이 어릴 때부터 차분하고 얌전하게 있도록 교육받았고, 그렇게 충분한 신체 활동을 하지 못한 시간들이 누적되어 갈수록 남자아이들과 어울리기엔 너무 약해져 버렸다. 대부분이 어릴 적부터 충분한 신체 활동의 기회가 있었던 남자들도 움직일 일이 없는 현대사회를 살아가며 그 능력이 퇴화해 가는 마당에, 그조차 없었던 여성들의 몸은 질병과 스트레스에 훨씬 더 취약할 수밖에 없다. 타고난 생리적 특성은 바꿀 수 없지만, 그 증상들에 어떻게 반응할지는 우리 의지로 바꿀 수 있다. 그리고 그 변화의 시작은 운동화를 신고 밖으로 나가는 것이다.

깊은 관계 형성에 필요한 것

|| 어차피 내려올 거 왜 힘들게 올라가냐니...

이 글을 쓰고 있는 이 시점, 나는 지금 산과 바다를 모두 즐길 수 있는 멋진 도시, 부산에 와있다. 나는 부산에 올 때마다 이 좋은 곳에 7년이나 살았는데 그때 왜 달리기와 등산의 매력을 전혀 알지 못했을까 하며 한탄을 한다. 그리고 아쉬운 마음에 해운대와 광안리, 다대포를 달리고, 금련산, 장산, 금정산 등 과거엔 역 이름으로만 알고 있던 산들을 오른다. 그렇다. 러닝과 함께 등산 또한 불과 3년 전까지만 해도 '도대체가 왜 하는지 이해가 안 가는' 운동 중 하나였다. 내가 6년 넘게 다닌 부산대학교가 금정산이라는 아름다운 산 위에 지어져 내가 살던 기숙사 바로 옆으로 멋진 등산로가 이어지지만, 운동 삼아 기숙

사를 걸어 올라다니던 시절에도 그 길에 발을 들일 생각은 꿈에도 없었다. 사방이 산으로 둘러싸인 분지 지형인 춘천에 와서도 산에 올라가는 건 명절에 성묘 드리러 올라가는 언덕만으로도 충분했고, 내 발로 굳이 산에 갈 생각은 눈곱만큼도 없었다.

그러던 내가 '얼떨결에' 신청한 트레일 러닝 대회에서 짜릿한 '클라이머스 하이'를 느끼게 되면서, 등산은 한순간에 나의 '최애' 운동 리스트로 승급했다. 처음 러닝크루에 들어와서 달리기의 매력에 빠져갈 무렵, 러닝크루 단체 카톡방에서 누군가 정선의 한 리조트에서 열리는 트레일 러닝 대회 소식을 전했다. 일반적으로 마라톤 대회는 도로를 통제하고 도로와 같이 닦여있는 길을 달린다. 이와 달리 트레일 러닝은 잘 닦인 길 대신, 산과 들에서 달리는 대회이기 때문에 주로에서 크고 작은 바위를 만나기도 하고, 내리막길과 언덕길을 수시로 마주한다. 당연히 일반 러닝보다 훨씬 더 역동적이고 에너지 소모도 크다. 새로운 대회 소식에 이제 막 러닝에 재미를 붙이기 시작한 나의 도전 정신이 깨어나기 시작했다. 물론, 이 대회에서 내가 꽂힌 건 산이라는 장소보다는 이색적인 달리기 대회였다. 당시 내가 달려본 가장 최장거리는 10km였다. 그리고 이날 트레일 러닝 대회에서 달린 대회는 12km 코스였으며, 심지어 산이기 때문에 완전히 새로운 것에 도전하는 기분이 짜릿했다. 그렇게 다가온 대회 날. 평소라면 산을 절대로 오르지 않았을 나였지만, 달리기 위한 복장을 하고 입장한 산은 더 이상 산이 아닌 그냥 내가 달려야 할 길이었다. 점점 거칠어지는 숨을 몰아쉬며 오르고 또 오르던 중, 어느 순간 갑자기 앞이 탁 트이기 시작한다. 그리고 눈 앞에 펼쳐진 풍경에 "와아…!" 하는 탄성이 100% 순수한 본능에서 터져 나왔다. 바로, 정상이었다. 탁 트인 풍경 안에 저 멀리 거대한 산맥들이 병풍처럼 주변을 두르고, 새 파란 하늘 위 새하얀 구름 몇 조각이 산 중턱에 예쁘게 걸려있었다. 그 풍경을 보는 순간, 지금까지 등산하는 사람들을 보며 가진 '어차피 다시 내려와야 하는 걸 힘들게 왜 올라가는가?'라는 의문은 완벽하게 해소되었다. 우리는 모두 어차피 집으로 돌아올 거면서 여행을 떠나지 않는가? 심지어 돌아와서 "아, 역시 집이 최고야~!" 하면서도 또 여행을 떠나고 행복해한다. 등산은 바로 그런 것이었다. 힘들게 올라온 걸 도로 내려가야 한다는 사실 따위는 정상에서의 감동에 어떤 작은 흠도 내지 못했다. 오히려 이 풍경을 뒤로하고 내려가는 것이 아쉬울 따름이었다.

  정상에서 달려 내려오는 길은 올라가는 것보다 숨쉬기는 편했지만, 넘어지지 않으려면 나의 속도를 적당히 조절하면서 동시에 빠르고 안전한 착지를 이어가는 초유의 집중력이 필요했다. 그렇게 내 생에 가장 고난도의 레이스를 완주하는 순간은 지금까지 경험한 것과 완전히 다른 감동이었다. 그게 뭐라고 눈물이 고일 정도로 행복감이 몰려왔다. 처음 바디프로필을 찍을 때 그때 받은 완주 메달을 목에 걸고 메달 키스 장면을 찍어둘 정도로 그 순간은 나에게 정말 강렬한 기억으로 남았다.

이날 내가 경험한 것은 사실 등산이라기보다는 '트레일 러닝'이었지만, 정상을 향해 올라가는 이유를 완벽하게 납득했다는 것이 중요했다. 그 날을 기점으로 나는 '자발적으로' 등산을 하기 시작했다. 러닝크루 사람들과 등산 모임을 갖고, 1월 1일에도 보러 갈 생각도 안 한 일출을 보겠다고 해도 안 뜬 새벽 4시에 손전등을 가지고 산을 오르기도 했다. 코트 20만 원짜리도 큰 맘 먹고 사는 내가 등산 조끼, 등산화, 등산 스틱은 10~20만 원짜리도 척척 주문하게 될 정도로 등산을 좋아하게 되었다. 나이를 먹을수록 가치관이나 생각, 호불호가 분명해지며 선택이라는 것이 쉬워진다. 하지만 그로 인해 고정된 사고방식을 갖기 쉬운데, 그럴 때 사고의 전환을 일으켜 주는 것은 역시 새로운 경험이다. 트레일 러닝이라는 새로운 경험 덕분에 나는 등산에 대해 완전히 다른 생각을 갖게 되었고, 그로 인해 나의 삶은 또 조금씩 바뀌기 시작했다.

∥ 자연을 지키고 싶어졌다

자연을 아끼고 사랑해야 한다는 건 초등학교 때부터 배웠다. 하지만 사랑이 어디 그렇게 쉽게 생기는 마음이던가. 특히나 언제나 곁에 있는 존재에 대한 사랑은 쉽게 소홀해지는 것이 인간의 간사한 마음이다. 특히나 자연이라는 존재는 그냥 우리가 사는 세상 자체라서, 우리에게 참 당연한 존재다. 하지만 그렇게 당연한 자연이라는 존재는 알다시피 이미 조금씩 한계를 드러내고 있다. 어릴 때부터 익히 들어온

황사보다 더 심각하다는 '미세먼지', 그리고 매년 이상기후로 나타나는 기후 위기, 몇 년을 주기로 나타나는 새로운 감염병 등 지구에 인간들이 너무 많아지고, 자원을 너무 빠른 속도로 고갈시키며, 너무 많은 쓰레기를 배출하면서 생기는 문제들이 지속해서 나타나는 요즘. 이 모든 것들이 정말 해결이 시급한 문제이지만, 이 문제를 해결해야 한다는 갈급함이나 간절함이 마음에서 우러나오는 경우는 많지 않다. 길에 쓰레기를 버리지 않는 것은 우리가 자연을 너무 사랑해서, 이 문제를 해결하고 싶은 마음 때문이라기보다는 그냥 문화시민으로서 최소한의 양심 때문일 가능성이 크다. 나도 예외는 아니었다. 거의 매년 들려오는 산불 소식에 안타까운 마음이 들지만, 그렇게 마음을 무겁게 만들 정도의 슬픔은 아니었다. 하지만 등산을 즐기기 시작하며 자연과 나의 관계는 달라지기 시작했다. 원래도 동물들을 좋아했지만, 자연이라는 그들의 삶의 터전 깊은 곳까지 들어가 본 경험은 자연에 대한 애정을 더 깊어지게 했다. 마치 친한 친구가 사는 집에 놀러 가보면 그 친구와 더 가까워지듯이 말이다. 똑같은 나무여도 도시에서 사람들이 미관을 위해 인위적으로 심어둔 가로수와 산과 숲에서 울창하게 자라는 나무들의 모습은 사뭇 달랐다. 그들이 오래전부터 뿌리내렸을 그 땅을 밟고 서있노라면 인간 본연의 모습으로 돌아가는 것 같은 기분이 들기도 한다. 그리고 이런 경험들이 하나둘 쌓이며 자연에 대한 애정 또한 깊어져 갔고, 매년 들려오던 대형 산불 소식을 대하는 나의 마음은 훨씬 더 깊은 슬픔을 느꼈다. 산을 오르내리며 한 번씩 보이는 쓰레기를 단순히 보기 싫은 것을 넘어 나라도 치워주고 싶은 마음에 '플로깅(**달리면서 쓰레기는 줍는 활동**)'을 하게 되었다. 이렇게 자연에서 즐긴 액티비티 경험을 통해 자연에 대한 애정을 갖게 된 건 비단 나만의 이야기는 아닌 것 같다. 지난 2년간 코로나로 인해 강도 높은 방역 정책이 시행되었고, 또 개인들도 감염 예방을 위해 실내에서의 운동을 줄이게 되었다. 그리고 그 수요는 아웃도어 활동이라는 출구로 터져 나와, 러닝과 등산, 캠핑을 시작하는 사람들이 정말 많이 늘어났다. 그리고 그 비슷한 시기부터 플로깅 문화가 퍼지기 시작한 것은 아웃도어 활동을 즐기는 사람들이 늘어난 것과 무관하지 않다고 본다. 춘천에 춘천 러닝크루가 있듯이 강원도 전역(**속초, 강릉, 원주, 동해, 삼척**)에 지역 기반 러닝크루들이 있다. 그리고 지난해부터 각 크루의 크루장이 모여 강원 연합 러닝크루를 결성했다. 흥미로운 사실은 나를 포함한 크루장들 모두 나처럼 대부분의 삶을 도시에서 살아왔고, 각자의 이유로 강원도에 살게 되면서 등산과 같은 자연에서의 활동을 정말 좋아하게 된 사람들이었다. 그래서 그들 모두 자연환경에 대해 나와 비슷한 시각을 갖고 있었다. 강원도에는 여전히 '아직' 훼손되지 않은 아름다운 자연의 모습들이 많이 남아있지만, 또 그래서 더 쉽게 개발과 발전이라는 이름으로 훼손되기도 한다. 그러한 커다란 일들까지 우리가 막을 수는 없더라도, 우리가 누리는 이 자연을 지키기 위한 작은 발걸음이 필요하다는 걸 우리 모두가 느끼고 있었다. 그런 취지로 2022년 1년간 시도한 것이 바로 '줍드래요' 프로젝트로, 매달

1회씩 각 러닝크루에서 플로깅을 하는 것이었다. 사랑이라는 건 함께 하는 경험을 통해 싹트고, 그 마음을 이어가게 하는 힘은 상대를 아껴주려는 의식적인 노력이다. 자연에서의 활동들을 좋아하지만, 여전히 나는 도시화 된 시내에 살고 있고, 24시간 애정 어린 눈길로 자연만을 바라보며 살 수도 없다. 플로깅의 취지에 가슴 깊이 공감하지만 매달 한 번씩 시간을 내서 진행하는 것도 쉽지만은 않았다. 하지만 그렇게 의도적으로 들인 시간만큼 자연과의 관계는 더 깊어졌다. 도시에서도 길가에 서있는 가로수, 아무렇게나 피어난 꽃들이 계절에 따라 바뀌어 가는 모습에서 자연을 느끼고, 자연은 나에게 더 큰 행복감을 주고 있다. 자연환경을 지켜야 한다, 기후위기 문제를 해결해야 한다는 수많은 슬로건보다 더 강력한 것은 자연에서의 활동 시간이 늘어남에 따라 자연스럽게 그들과 깊은 관계를 맺어가는 것이 아닐까 하는 생각이 든다. 사람의 머리는 간사해서 자신이 아닌 다른 대상에 대해 쉽게 잊어버린다. 하지만 관계를 맺는다는 것은 상대를 자신의 일부로 생각한다는 것을 의미하고, 상대를 마치 자신처럼 소중하게 여기게 된다. 자연을 사랑하자는 슬로건보다 강력한 '관계의 힘'이 어쩌면 기후위기라는 커다란 전 지구적 문제의 해결 방법이 될지도 모른다.

‖ 나눌 수 있다는 것의 의미

 2016년부터 지금까지 매년 가을이 되면 생각나는 것이 있다. 새까 맣고 묵직한 3.6kg의 석탄 덩어리, 바로 연탄이다. 나에게는 매년 가을이 되면 전국(서울, 부산, 대전, 대구)에서 연탄봉사를 진행하는 남매와 같은 Y 언니, K 오빠가 있다. 2016년 당시 취업 준비생이던 나는 부산의 취업준비 지원 프로그램에서 한 명의 직장인 멘토 언니 Y를 만났다. 당시 내가 가장 다니고 싶어 했던 대기업의 직장인이던 언니는 멘티들을 처음 만나는 자리에 이것저것 선물을 싸 들고 와서 일단 나눠주고 시작했다. 언니는 참 주는 것을 좋아하면서도 상대가 부담스럽지 않게 주는 법을 알고 있었다. 그리고 첫 멘토링 자리에서 그녀가 한 이야기는 어떻게 하면 좋은 직장에 들어가는지, 어떻게 하면 면접관의 마음을 사로잡을 수 있는지와 같은 이야기는 하지 않았다. 그 대신 그녀가 해준 이야기는 자신이 처음 시작했던 봉사 활동에 관한 이야기였다. 그리고 그때부터 나의 봉사 활동이 시작되어 지금까지 이어지고 있다. 그로부터 6년이 흐르고 지난가을, 부산에서 그녀를 만나 함께 그때를 회상하면서 그녀는 말했다. "지금 생각하니 그때 나도 겨우 스물아홉이었는데, 무슨 멘토링을 한다고 애썼다 참." 하며 웃었지만, 스물아홉의 그녀는 자신이 아는 가장 좋은 것을 알려주고 싶어 했다. 그것은 바로 나눔이 주는 기쁨이었다. 무언가를 나눌 수 있다는 것은 '많이 가졌음'을 의미한다. 그리고 그것이 꼭 물질적인 것만을 의미하지도 않는다. 시간을 내고, 마음을 쓰고 관심을 갖는다는 것은 시간적 여유가 있고 마음에 여유가 있는 사람들이 가능한 것이다. 그리고 그 '많다'는 기준도 굉장히 주관적이고 상대적인 개념이다. '이 정도면 충분하다'고 만족할 수 있는 선이 낮은 사람이 있고, '아직 더 필요하다'고 느끼며 쉽게 만족하기 어려운 사람도 있다. 절대량을 비교해 볼 때 전자의 경우가 더 적은 양을 가졌더라도, 후자의 경우보다 나눌 수 있는 여유가 있다. 그리고 사람은 나의 도움이 필요한 누군가에게 '도움이 되는 사람'이 될 때 사회적 동물인 인간으로서의 가치가 높아지는 것을 느낀다. 그런 점에서 그녀는 봉사활동을 좋아했고, 또 많은 사람과 이 멋진 일을 함께하고 싶어 했다. 합격할 때까지 실패와 탈락을 반복해야 하는 취업 준비 기간은 그 기간이 길어질수록 자존감과 자기효능감이 떨어지기 쉽다. 나 역시 그 시기를 보냈고, 운동과 함께 봉사활동은 나 스스로를 가치 있는 사람으로 느끼게 하는 가장 확실한 방법이었다. 대부분의 봉사 활동은 특별히 큰돈이나 재능이 필요하지 않다. 시간이든 돈이든 물리적인 힘이든 간에, 나눌 수 있느냐 없느냐는 뭘 얼마나 많이 가졌느냐와 아무런 관계가 없다.

  단, 자신을 지킬 수 있는 최소한의 것은 자신의 것으로 남겨두어야 한다. 비행기에서 위급 상황 시 본인이 먼저 산소마스크를 쓰고 옆의 아이나 노약자를 챙기라고 권하는 것은 본인의 안전이 확보되어야 누군가를 도울 수 있기 때문이다. 그리고 자신을 위한 최소한의 여유가 먼저 필요하다는 건 체력에 관해서도 예외가 아니다. 어딘가에 마음을 쓰고 남을 채워주기 위해 움직이려면 일단은 내가 방전되지 않고, 조금이라도 남는 에너지가 있어야 가능하다. 하지만 내 하루를 사는 것만으로 에너지가 완전히 고갈되어 버린다면 누군가를 위해 쓸 배려와 아량이 남아있기는 쉽지 않다. 그 상대가 사랑하는 사람이라고 해도 말이다. 설령 너무나도 강한 책임감에 남은 최소한의 에너지마저 남에게 쏟고 나면 정작 자기 자신에게 소홀해지게 된다. 자기 자신의 행복을 위해, 그리고 사랑을 하며 살기 위해 우리는 체력이 필요하다. 그리고 이미 운동을 해서 체력적인 여유가 된다면 이제 그 체력을 활용해서 남을 위한 일을 한 번 해보자. 운동을 하는 것 자체만으로도 자존감 향상에 도움이 되지만, 그 능력으로 남을 도우며 느끼는 기쁨은 차원이 다른 행복이다. 매년 가을, 연탄봉사를 통해 이 기쁨을 함께 누릴 사람들을 기다리고 있겠다.

#쩡이와함께하는대한민국1도올리기
#재희와함께하는춘베리아1도올리기

Chapter 5.
성장

- 여자도 강해지고 싶다
- 인생은 길다

여자도 강해지고 싶다

내 인생을 바꾸는 사람은 자신입니다. 아무도 대신해 줄 수 없어요.
— Carol Burnett

‖ '#운동하는여자' 말고 운동 '잘'하는 여자

대한민국에서 여성으로 살아오면서, 내가 나에게 바란 능력은 더 똑똑하거나 더 예쁘거나 더 사교성이 좋거나 더 재미있거나 하는 점들이었지, '운동을 잘한다'거나 '힘이 세길' 바란 적은 없었다. 있었다면 아마… 중·고등학교 체육 시간에 수행평가 동작을 아무리 해도 나만 안 될 때는 '나도 잘하고 싶다'고 잠깐 생각한 것 정도…? 헬스를 할 때 다루는 중량이 높아지는 것은 뿌듯하기도 했지만, 중량을 올리는 건 어디까지나 '더 멋진' 라인을 만들기 위한 수단이었지 힘이 세지려고 올린 건 아니었다. 내가 꾸준히 운동을 한 건 체력과 몸매를 유지하고, 그 과정에서의 느끼는 성취감, 그리고 하루를 좀 더 알차게 살아가는 힘을 얻기 위함 그 이상도 이하도 아니었다. 운동하는 이유는 이것들만으로도 충분했다. 크로스핏을 시작하기 전까지는 말이다.

사실 크로스핏을 시작하기 1년 전부터, 러닝크루 활동으로 인해 내가 운동을 좋아하는 포인트가 조금씩 달라지고 있었다. 러닝크루는 내가 처음으로 속해본 '운동하는 사람들로만 이루어진 집단'이었다. 그리고 이곳에서 만난 사람들은 공통적으로 달리기를 하지만 달리기 외에도 운동 그 자체에 정말 진심이었다. 사람들이 모이는 주된 이유는 운동이었고, 서로에 관해 가장 궁금한 것도 '운동'과 관련된 부분이었다. 달리기는 어디서 얼마나 주로 달리는지? 달리기 말고 다른 운동도 하는지? 다른 운동은 어떤 걸 얼마나 어디서 하는지 등, 여자 회원이 들어와도 마찬가지였다. 남자든 여자든 새로운 회원이 들어오면 외모가 어떤지 나이가 몇 살인지보다 그 사람이 어느 정도 달리는지, 다른 운동은 뭘 하는지에 먼저 관심을 보였다. 인간은 사회적 동물이다. 주변 사람들이 온통 명품 얘기만 하면 나에게 명품이 있고 없고에 따라 그 집단에서 인정받는 기분을 느끼냐, 소외감을 느끼냐가 결정된다. 이를 두고 업계 용어로는 '끼리끼리 과학'이라고도 한다. 그래서 어떤 사람이 되고자 한다면 그런 사람들이 있는 집단에 들어가면 가장 빠르게 바뀔 수 있다.

난생처음 운동이 제일 중요한 사람들과 함께하다 보니, 안 그래도 운동을 좋아하는 편이었던 나는 그들에게 빠르게 물들었다. 당시의 나도 이미 6년 동안 꾸준히 운동해 왔지만, 운동 그 자체를 잘하기 위해 운동을 하는 건 처음이었다. 달리며 찍히는 사진은 다리가 길게 나오거나 허리를 얇아 보이게 포즈를 취할 겨를도 없이 그냥 날 것 그대로 찍혔다. 예전 같으면 그런 사진은 절대 인스타그램에 올리지 않았을 텐데, 옆에서 찍혀서 더 굵어 보이는 다리, 땀에 젖어 흘러내린 선크림과 예쁘게 찰랑거린다기보다는 귀신처럼 머리가 온통 산발이 된 모습 그대로를 자랑스럽게 올렸다. 왜냐면 달리는 내 모습과 기록을 자랑하고 싶으니까. 점점 향상되는 달리기 실력은 나를 더 신나게 만들었다. 크루 여자들 사이에서 부러움의 대상은 날씬하고 예쁜 사람보다 '꾸준히 달리는 사람', '점점 잘 달리는' 사람이다. 요즘 우리 러닝크루에서 제일 부럽고 멋진 사람은 S 언니다. 나랑 비슷한 시기에 달리기를 시작해서 항상 제일 느리고 제일 힘들어했는데, 2년 동안 꾸준하게 운동을 하더니 지금은 풀코스를 3시간 30분 안에 들어오고 전국 대회에서도 순위권에 드는 기염을 토하고 있다. 이렇게 운동이 가장 중요한 집단에 오래 있으니 어느 순간 나도 점점 운동 그 자체에 욕심이 생기기 시작했다.

그러던 어느 날, 내가 크루에 처음 갔을 때부터 나보고 '잘 달린다'고 해주었던 오빠가 이번엔 나에게 크로스핏을 해보라고 권하기 시작했다. 안 그래도 자꾸 잘한다 잘한다 소리에 운동 욕심이 커지고 있던 나는 "너는 헬스도 오래 했으니 잘할 거다."라는 말에 더 솔깃했다. 그렇다, 포인트는 '너는 잘할 거다.'라는 말이었다.

그렇게 시작한 크로스핏은 나에게 완전히 신세계였다. 나는 헬스장에서 운동할 때도 누군가 온 힘을 다해 기합을 넣는 소리가 들리면 속으로 '굳이 저렇게까지…?'라고 생각했다. 그런데 크로스핏을 해보니 나는 그들보다 더하면 더했지 덜하지는 않았다. 뒤에서 좀 더 자세히 설명하겠지만 크로스핏은 팀 스포츠는 아니지만, 단체로 하는 운동이고 수업처럼 시간제로 그 날에 주어진 운동을 한다. 그리고 운동 후에는 본인의 기록을 적기 때문에 약간의 경쟁 요소도 들어가게 된다. 아무리 그래도 그렇게까지 미친 듯이 할 일인가 싶지만, 막상 해보니 역시 분위기의 힘은 강력했다. 단체로 '파이팅!'을 외치며 운동이 시작되면 각자가 자신의 한계치를 시험하듯이 그날의 운동을 하나하나 '깨부숴'나간다. 시간이 갈수록 다들 힘이 소진되어 가며, 끝까지 완주하겠다는 의지를 불태우려 "하!", "으아!" 하는 기합을 내지른다. 그렇게 모든 걸 쏟아붓는 운동 후엔 너 나 할 것 없이 모두 바닥에 널브러졌다. 나도 나름대로 헬스장에서 무게 좀 들고, 땀이 뻘뻘 나도록 근력 운동도 해왔지만, 크로스핏에서 하는 운동의 강도는 지금까지 내가 경험해 온 것들과는 차원이 달랐다. 그리고 처음으로 '운동 능력' 그 자체를 원하기 시작했다. 단순히 건강하고 활기찬 삶을 영위하는 데 필요한 수준의 체력을 넘어, 맨손으로도 내 몸을 가볍게 철봉 위로 올릴 수 있고 양손으로 가볍게 물구나무를 서고, 이단 뛰기쯤은 가볍게 하며 무거운 바벨도 머리 위로 가볍게 올려 버리는 그런 힘을 원하기 시작했다. '샤크짐'을 운영하는 샤크 코치와 에리카 코치는 크로스핏을 하는 사람들 사이에서는 연예인과 같은 존재다. 두 분이 함께 집필한 『떼인 근력 찾아드립니다』 책 표지를 보면 이 세상에서 기댈 곳은 나 자신의 척추기립근 뿐이라며,

"근력이 우리를 자유케 하리라."라는 명언을 남겼다. 여기서 말하는 근력은 보통 여성들이 가진 사이즈의 근육에서 나오는 근력 정도를 의미하지 않는다. 근비대를 목적으로 운동하지 않아도 점점 중량을 높이며 고강도로 운동하다 보면 여자라도 근육 사이즈는 굉장히 커진다. 크로스핏을 하기 전엔 여성에게 운동을 가르쳐줄 때마다 근육이 커지면 어쩌냐고 걱정하는 그녀들에게 "저를 보세요. 아무리 운동해도 여자는 근육이 커지기 어려워요."라고 말하고는 했는데, 그때 입었던 딱 달라붙던 옷들을 이제 못 입게 되면서 이제 그런 말을 못하게 되었다. 크로스핏을 하며 만난 여자들은 웬만한 일반 남성은 가볍게 이겨버릴 만큼의 엄청난 근력을 자랑했고, 그녀들의 근육은 남성 못지않게 큼직하다. 이제는 일반적인 여성이라고 해서 '근육이 커질 만큼 운동을 하지 못할 거라는' 보장을 감히 할 수 없다는 거다. 크로스핏을 하면서 '여성인 내가 어디까지 더 강해질 수 있는가'에 대해 더 넓은 가능성을 발견한 것은 단순히 '힘이 더 세진다'에 그치는 변화가 아니었다. 그것은 내가 생각하지 못했던 것들까지 어쩌면 내가 해낼 수도 있겠다는 자신감의 확장이었다. 지금까지 내가 해왔던 운동들과 차원이 다른 강도를 내가 감당하고 있다는 것은, 그만큼 또 다른 나로 바뀌는 것을 의미했다. 확실히 나는 과거의 나보다 더 과감하게 생각하고, 더 용감하게 도전하고, 실패에도 더 쿨하게 털고 일어났다. 그렇게 내 몸과 마음의 사이즈는 과거와는 완전히 달라지고 있었다. 물론 갑자기 바뀐 신체 사이즈 때문에 옷을 살 때마다 80%의 확률로 실패하는 난관을 겪고 있기는 하나,

이 또한 새로 성장한 나 자신에게 적응해 가는 시간이 아닐까? 예전에 너무 예쁘게 어울리던 꽃무늬 시폰 원피스들을 지금 입으면, 동생 표현에 의하면, '여장군이 변장하려고 공주 옷 뺏어 입은 거 같다'던데, 너무 찰떡인 표현이라 내가 책을 쓸 줄 알았으면 그때 사진을 찍어놓는… 음, 아니다. 그건 좀 아닌 것 같다.

아무튼, 내가 좋아서 한 운동이고, 다이어트를 목적으로 한 운동이 아니니, 몸에서 요구하는 만큼 먹어주었다. 그렇게 근육과 지방이 균형 있게 발달해 과거에 비해 상당히 '씩씩해진' 내 몸이 가끔 좀 낯설기도 하고, 남이 찍어준 내 사진에 보이는 나의 우람한 등판을 보면 흠칫 놀라기도 하지만, 나는 지금의 내 모습도 충분히 마음에 든다. 정확히 말하면 체형에 대한 것이 예전보다 훨씬 '덜' 중요해졌다는 말이 더 맞는 것 같다. 여전히 예쁜 옷을 입고 싶고, 젓가락 같은 모델들이 입은 옷을 보면 나도 저렇게 입어보고 싶기도 하다. 물론 도대체 옷들을 왜 저렇게 착 달라붙고 손수건만 하게 만드는 거냐며 장바구니에서 삭제하는 경우가 대다수긴 하지만…! 그런 손수건만 한 옷들을 입을 수 없다고 해도 불행하거나 크게 아쉽지 않다. 크로스핏을 하기 전까지 내가 바란 나의 모습은 인스타그램에서 '#운동하는여자'로 검색했을 때 가장 많이 나오는, 탄탄해 보이면서 '마른' 몸이었다. 그리고 그런 몸으로 살았던 기간도 있었다. 그때도 물론 충분히 행복했지만, 이렇게 더 넓은 세상에 대해서는 모르고 있었으니 온전히 내가 한 선택은 아닌 거다. 지금 내가 여기서 식사를 조절하면서 적당한 강도로 운동한다면 아마 그런 몸으로 살 수는 있을 거다. 하지만 이제는 내가 원했던 #운동하는여자보다는 운동 '잘'하는 여자가 되고 싶다. 바람 불면 날아갈 것만 같은 모습의 옷들이 눈에 보일 땐 조금은 아쉽지만, 그까짓 거 안 입으면 어때? 섹시한 비키니를 입고 걸어도 장군처럼 씩씩해 보이는 지금 나도 아주 좋다. 앞으로 여자로서 내가 어떤 운동까지 할 수 있을지, 평생에 걸쳐 계속해서 도전해 보고 싶다. 그런 의미에서… 빨리 이 집필을 마무리하고 마라톤 준비한다고 쉬고 있던 크로스핏도 얼른 복귀해야겠다.

‖ 헬스를 할까, 크로스핏을 할까?

사실 크로스핏은 헬스에 비해 꽤 최근에 생겨난 종목이다. 이름에서 알 수 있듯이 Fitness가 Cross 된 운동으로 다양한 피트니스 종목들이 합쳐진 운동이다. 여기서 말하는 피트니스는 우리 주변에서 흔히 볼 수 있는 헬스장 이름이 아니다. 피트니스의 사전적 정의는 건강 증진을 목적으로 하는 운동들의 총칭이며, '웰빙'처럼 하나의 문화를 일컫는다. 달리기도 피트니스고, 수영도 피트니스고, 버피도 피트니스고, 그냥 점수 따기 게임이 아니라 건강을 위해 하는 모든 운동이 다 피트니스다. 물론 우리가 아는 근력 발달을 위한 웨이트 트레이닝도 피트니스에 포함된다. 그런데 앞에서 언급했듯이 우리가 흔히 알고 있는 헬스는 일반적으로 웨이트 트레이닝 중에서도 보디빌딩식 웨이트 트레이닝이다. 그래서 주로 보디빌딩식 근력 운동을 의미하는 '헬스'는 근육을 만드는 것을 목적으로 하지만, 크로스핏은 전체적인 신체 능력을 향상하는 것을 목적으로 한다. 물론 크로스핏도 하다 보면 근육이 발달할 수밖에 없다. 그래서 크로스핏을 하는 사람의 몸과 헬스를 하는 사람의 몸을 겉으로 보면 약간 비슷해 보일 수 있으나 똑같은 시간 운동을 한다면 헬스를 하는 사람의 몸이 더 커진다. 애초에 몸을 크게 만드는 것이 목적이기 때문이다. 반면에 크로스핏으로 만들어진 몸은 좀 더 날렵하다. 애초에 운동 자체에서 속도가 필요하니 그럴 수밖에 없다. 헬스에서는 최대한 근육을 지치게 하는 것이 목적이지만, 크로스핏에서는 최대한 근육이 '덜' 지치게 빠르고 효율적으로 운동하는 것이 중요하다. 그래서 크로스핏에서는 '기술'인 것들이 헬스에서는 운동 효과를 떨어트리는 '치팅'일 뿐이다.

크로스핏은 마치 종합선물세트 같은 운동이다. 대부분의 운동은 한두 가지 체력 요소를 강화한다. 달리기는 지구력을, 근력 운동은 근력을, 요가는 유연성을 강화한다. 그런데 크로스핏은 심폐지구력, 최대근력, 유연성, 협응력, 민첩성, 균형 감각, 정확성, 파워, 속도, 근지구력의 10가지 영역의 체력을 골고루 발달시키는 운동이다. 쉽게 말해 운동 능력에 있어 스페셜 리스트가 아닌 제너럴리스트를 만드는 운동인 셈. 다양한 체력 요소들을 동시에 단련시키는 만큼 크로스핏을 구성하는 운동들과 사용하는 장비들도 다양하다. 덤벨과 바벨은 기본이고 월볼(무게가 있는 공으로, 주로 벽에 대고 던져서 wall ball이라고 한다), 밧줄, 줄

넘기, 케틀벨, 철봉, 자전거, 로잉, 스키 등…. 아무리 운동을 못 하는 사람도 이 중에 잘할 수 있는 게 딱 한 가지는 있기 마련. 그리고 반대로 운동 꽤 한다는 사람도 이 중에 초심자보다는 잘하더라도 본인이 가장 힘든 것이 한 가지는 있기 마련이다. 그리고 이런 다양한 운동 프로그램들이 다양하게 섞여 WOD(Workout Of the Day, 오늘의 운동)이란 이름으로 제시된다. WOD는 크게 두 종류로, 제한 시간 내에 최대한 많이 반복하거나 정해진 반복 수를 최대한 빠른 시간 내에 하는 것으로 나뉜다. 그래서 그날의 운동은 항상 칠판에 자신의 이름과 기록을 적고 모여 파이팅을 외치는 것으로 끝난다. (크로스핏 체육관을 '박스'라고 하는데, 박스마다 마무리 세레머니는 다를 수 있다.) 이렇게 기록을 적다 보니, 자연스럽게 크로스핏은 '운동'보다는 '게임'의 성격을 띠게 된다. 두 명이서 하는 팀 WOD 외에 보통 WOD는 개인이 하지만 시작은 다 같이한다. 그리고 본 운동(WOD)에 들어가기 전 근력 운동을 하거나 그 날의 WOD에 들어가는 운동을 미리 연습해 보기도 하는데, 이때도 단체로 연습을 하고 개인 연습을 하며 코치가 체크해 주는 방식으로 진행된다.

이러한 배경 때문인지 크로스핏 박스마다 느낌은 조금씩 다르지만 공통된 특징이 있는데, 다니는 사람들 간에 유대관계가 매우 끈끈하다는 것이다. 사실 그럴 수밖에 없다. 마치 학원처럼 시간 단위로 수업이 진행되어 같은 시간에 다니는 사람들과는 계속 마주치게 되고, 운동이 워낙 격하다 보니 여자고 남자고 간에 끝나고 나면 눈도 다리도 풀려 바닥에 땀 범벅이 된 채로 뻗는 마당에 가식이란 빗장 같은 게 존재할 수가 없다. 그래서 일단 운동을 시작하면 사람들 간에 급속도로 친해진다. 2인 1조로 팀 WOD를 한다? 그날로 함께 땀을 나눈 친구, 언니, 누나, 형, 동생 되는 거다. 그래서 아이러니하게도 크로스핏이 헬스보다 훨씬 힘든 운동인데, 나는 크로스핏 박스에서 여자들을 더 많이 만났다. 물론 이 안에서도 남자가 더 많기는 하지만, 그동안 헬스장을 다닌 햇수가 더 많았음에도 에어로빅이나 GX도 아닌데 이렇게 여자들이 많이 다니는 운동은 처음 봤다. 내 개인적인 생각이지만, 아마 여성들이 이렇게 힘든 운동도 꾸준히 다니게 만든 힘은 크로스핏 박스 특유의 유대관계에서 오는 게 아닐까? 운동을 시작하고 꾸준하게 하기 위해 꼭 필요한 요소 중 하나가 '함께하는 사람', 즉 커뮤니티다. 지금까지 여성들이 운동을 시작하는 것이 남성들보다 어려웠던 요인 중 하나가 바로, 남성들에 비해 주변에서 운동하는 동성 친구들을 찾기 힘들다는 점이다. 지금은 예전에 비해 많이 보편화 되었지만, 여전히 헬스장은 여성들에게 낯선 곳이다. 내가 한참 헬스장을 매일 다닐 때 친구들은 나에게 '같이 헬스장에 가달라'는 부탁을 하곤 했다. 나 또한 첫 헬스장은 남자친구 손을 잡고서야 겨우 갈 수 있었으니, 그들의 마음이 충분히 이해가 간다.

그런데 크로스핏은 일단 시작만 하면 이런 커뮤니티가 자동으로 생기니 강도가 꽤 높은 편임에도 불구하고 여성들이 꾸준하게 할 수 있는 게 아닐까 싶다. 현재 내가 살고 있는 춘천은 작은 소도시임에도 크로스핏 박스가 굉장히 많이 생겼는데, 미국 크로스핏 공식 지부에 등록

된 박스이든 아니든 이러한 운동에 대한 수요가 높아지고 있다는 것은 분명하다.

다만, 개인적인 의견으로는 여자든 남자든 크로스핏을 시작하기 전 스쿼트와 데드리프트라는 동작만큼은 반드시 제대로 배우고 크로스핏을 시작하는 걸 추천한다. 이 두 가지 동작은 크로스핏에서 하는 역도 동작들의 '기본자세'다. 물론 크로스핏 코치들도 WOD에 들어가기 전 이러한 자세를 알려주곤 하지만, 단체 수업이고 코치는 한 명이기 때문에 개개인을 꼼꼼하게 봐주는 데는 한계가 있다. 어떤 사람들은 경험을 통해, 혹은 좋은 운동신경으로 올바른 자세를 찾아가지만, 많은 현대인은 의자에 앉아서 보내는 시간들이 많아서 제대로 된 스쿼트 자세, 데드리프트 자세가 쉽게 만들어지지 않는다. 그런 세세한 부분을 잡아주기 위해 PT라는 프로그램이 있는 것 아니겠나. 크로스핏의 특성상 아무래도 기록을 적기 때문에 WOD가 시작되면 안 그래도 자세가 흐트러지기 쉬운데, 시작 자세부터 제대로 잡지 못하면 다치는 건 시간문제다. 언제나 말하듯이 건강을 위해서는 반드시 다양한 운동이 필요하다.

헬스를 할까 크로스핏을 할까 고민 중이라면, 나는 '둘 다'라고 답하고 싶다. 헬스만 하면 힘은 키울 수 있지만, 민첩성과 협응력 훈련은 다소 부족하다. 반대로 크로스핏만 하면 근력 발달 속도가 기술 발달 속도를 따라가지 못해 관절과 인대, 힘줄 등에 부담이 갈 수 있다. 그런데 헬스로 근력을 키우면서, 동시에 크로스핏 동작들을 연습하면 훨씬 더 안전하게 무게를 다루며 신체 능력들을 골고루 발달시킬 수 있다. 역시나 세상에 만능인 운동은 없는 법이다.

‖ 머무를 것인가, 성장할 것인가?

그동안 내가 해왔던 운동들도 모두 나의 삶에 많은 변화를 만들어 냈지만, 그중에서 가장 격렬한 변화를 이끌어 낸 건 크로스핏인 것 같다. '격렬한' 변화라고 표현한 것은 크로스핏을 한 기간에 비해 내가 겪은 변화들이 매우 컸기 때문이다. 물론 언제나 그렇듯이 급격한 변화와 도전은 부상의 위험을 내포하고 있다. 내가 운동을 하면서 가장 많이 다친 운동 역시 크로스핏이다. 역도를 하다가 잘못 부딪혀 허벅지나 다리에 멍이 들기도 하고, 철봉 운동을 하다가 손바닥이 까지기도 하고, 근육을 삐끗하거나 인대나 건에 무리가 가기도 한다. 과거에는 다치도록 운동을 하는 것에 대해 '과격한 행동', 좀 더 심하게는 '무식하게 해서'라고 쉽게 단정 지었었다. 그러니 내가 이렇게 운동을 '미친 듯이' 할 것이라고는 크로스핏을 하기 전에는 상상도 하지 못할 일이었다. 애초에 그 정도의 강도로 운동을 하지도 않았고, 그러지도 못했다. 딱 한 번 처음 바디프로필을 준비할 때, 덤벨을 들고 머리 위로 올리는 어깨 운동 숄더프레스를 하다가 어깨에 무리가 갔었는데, 그때는 너무 깜짝 놀라서 이제 어깨 운동을 못 하는 줄 알았다. 사실 건강을 위해 하는 운동은 굳이 고강도로 할 필요가 없다. 오히려 고강도 운동은 부상 위험이 커 추천하지 않고, 중강도 정도의 운동을 권장한다. 그런데 어느 순간부터 나는 건강을 위해 운동하는 사람이 아니라, 운동하기 위해서 건강을 유지하려는 사람이 되어있었다. 사람들이 축구나 야구를 즐기는 것처럼 어느새가 마라톤도, 크로스핏도 나에게 말 그대로 '즐거움을 주는 취미 생활'이 되어있었다. 그러다 보니 내가 감당할 수 있는 강도보다 더 높은 강도로 하게 되면서 가벼운 부상들을 입을 때가 종종 있다. 때로는 무리한 도전을 하다 다쳐서 담당 물리치료사 선생님의 잔소리를 들으면서도 여전히 그 운동을 더 잘하고 싶어서 '다음에 다시 해봐야지.' 하는 생각뿐이다. 물론, 단순한 부주의나 기록에 대한 과욕으로 회복하기 어려울 정도로 다치는 일은 최대한 피해야 한다. 그래서 좋은 운동지도자를 만나 이런 위험의 존재에 대해 좀 더 구체적으로 미리 알고, 위험을 최소화하는 방향으로 운동을 배워야 한다. 그리고 운동을 배워 어느 정도 실력이 생겼다고 해도 너무 큰 위험을 감수해서는 안 된다.

단, 아무런 위험도 감수하지 않으려고 한다면 그건 운동이라고 볼 수 없다. 이 '위험'이라는 말을 '스트레스'라는 말로 바꿔보면 좀 더 이해가 쉽다. 운동은 우리 몸에 일상에서 받는 것보다 좀 더 강한 자극이나 스트레스를 주는 활동이다. 물론, 우리 몸이 하루 이틀 안에 회복할 수 있는 범위에 있어야 한다. 그리고 그렇게 회복되면서 우리 몸은 강해지고, 이제는 더 큰 스트레스와 자극도 감당할 수 있게 된다. 이게 바로 앞에서 몇 번 언급한 '점진적 과부하'이다. 이런 점진적 과부하는 모든 운동에서 적용된다. 달리기를 한다면 더 먼 거리를 달리거나 더 빠르게 달리는 것, 필라테스를 한다면 더 어렵고 복합적인 컨트롤이 필요한 동작에 도전하는 것, 요가를 한다면 더 큰 가동범위에 도전하는 것이 바로 '점진적 과부하'를 주는 방법이 될 수 있다. 점진적 과부하를 준다는 것은 이들 역시 '위험을 감수한다'는 것을 의미한다. 왠지 크로스핏은 격렬해서 위험할 것 같고 요가는 정적이라 안 위험해 보이지만, 고난도의 요가 동작들을 보면 나는 엄두도 내지 못할 만큼 위험한 동작들이 많다. 과장 하나 보태지 않고 매일 요가를 하는 내 친구를 한번 크로스핏 박스에 데려간 적이 있는데, 나는 그 친구가 크로스핏을 할 때보다 운동이 끝나고 스트레칭을 하겠다며 허리를 뒤로 너무 많이 꺾을 때가 더 위험해 보였다. 내가 했다면 아마 위험했겠지만, 그녀에게는 그렇게 위험한 동작이 아니었을 것이다. 그녀는 오랜 요가 수련을 통해 굉장히 넓은 가동범위를 가지고 있었으니까.

이런 점진적 과부하의 원리는 아기의 발달 과정에서도 볼 수 있다. 나의 가장 친한 친구 중 한 명인 P는 2020년쯤에 예쁜 딸을 낳았다. 친한 친구의 딸이어서 그런지, 나는 눈에 하트를 장착한 '고슴도치 이모'가 되어 그녀의 SNS에 올라오는 예쁜 아기의 사진과 영상들을 섭렵하기 시작했다. 그러던 중 아기가 하는 동작들이 눈에 들어왔는데, 코어를 강화하는 운동 동작들과 상당히 유사해 보였다. 흥미롭게도 아기의 성장 과정에서 아기는 스스로 움직이기 시작하며 중심 근육인 코어를 하나씩 발달시켜 나간다고 한다. 가만히 누워서 숨만 쉬는 것 같지만 그건 횡격막이라는 근막을 발달시키는 과정에 꼭 필요한 단계다. 그리고 마치 '데드버그'라는 코어 운동 동작을 하듯이 팔다리를 위로 올리기 시작한다. 그러다 어느 순간부터 뒤집기를 하며 외복사근 등을 발달시키고, 애벌레처럼 배밀이를 하다가 드디어 팔다리에 힘이 생기며 기어 다니기 시작한다. 그리고 무엇보다 감동적인 영상은 P 양의 아기가 스스로 직립에 도전하기 시작하는 모습이었다. 여전히 머리의 무게가 상당한 아기가 두 발로 선다는 것은 상당히 힘든 일이다. 아기는 의자 다리를 붙잡고 일어서다가 힘이 빠져 넘어지고, 몇 번이고 그렇게 시도하더니 결국 드디어 자신의 두 발로 일어서며 본인도 뿌듯한지 환하게 웃어 보였다. 어른들이 하는 우스갯소리로, 애는 배 속에 있을 때가 제일 편하다, 혹은 누워서 잠만 잘 때가 제일 편하다는 말을 하는데, 아기가 스스로 움직이게 될수록 많은 위험에 노출되기 때문일 것이다. 그것도 사실이긴 하다. 당연히 균이 득실거리는 바깥세상보다 무균 상태인 엄마 자궁이 더 안전하고, 여기저기 뛰어다니면서 부딪히고 넘어지느니 누워서 숨만 쉬는 것이 제일 안전하다. 하지만 그렇게 안전하게만 있다면 성장은 포기해야 한다. 우리가 이렇게 어엿한 성인으로 성장할 수 있었던 것은 크고 작은 도전 속에서 수많은 위험 요소들을 감수했기 때문이다. 몇 번이고 실패했지만 결국은 자기 발로 일어서고, 스스로 걷기 시작한 두 살배기 아기. 나중에 이 아이가 커서 자신이 도전하는 일에 계속 실패하며 좌절할 때 이 영상을 보여주면 어떨까? 어릴 때 너는 수십 번을 실패하면서도 결국은 일어나 걸었다는 사실을 본다면 다시 용기를 낼 수 있지 않을까? 약간의 상처, 약간의 부상조차 감당하지 않으려고 한다면 그만큼 성장 속도는 더딜 것이다. 크고 작은 부상들을 겪다 보면 점점 내 몸이 감당할 수 있는 범위를 명확하게 알게 된다. 그리고 나에 대해 잘 아는 만큼, 감수할 수 있는 위험의 범위도 명확해지고, 부상 가능성 또한 줄어든다. 내가 감당 가능한 선에서 최대한의 리스크를 감당한다면 우리는 최대한의 효과, 즉 성장을 얻을 것이다. 이렇게 감당 가능한 위험을 감내하는 능력을 비즈니스에서는 'Risk Management Skill'이라고 부른다. 여러분은 성장을 위해 얼만큼의 위험을 감내할 수 있는가?

인생은 길다

눈앞의 실패에 좌절하지 않을 수 있는
장기적인 목표를 반드시 가지고 있어야 한다.
- 찰스 C. 노블

‖ 포기할 줄 아는 용기

　　　　　　새로운 것에 도전하는 일은 언제나 두려우면서도 설렌다. 실패할 수도 있고, 성공할 수도 있는 도전을 앞두고 있을 때, 실패할 가능성을 더 크게 보면 두려움을 더 크게 느끼고, 성공할 가능성을 크게 보면 설렘을 더 크게 느낀다. 그래서 도전을 앞두고 있을 때 두려움이 아닌 설렘을 느끼려면 용기가 필요하다. 그런데 아이러니하게도 이렇게 가슴 뛰는 도전과 정 반대점에 있는 '포기'라는 걸 할 때도 용기가 필요하다. 아니, 어쩌면 도전하는 용기보다 때로는 더 큰 용기가 필요하기도 하다. 얻고자 했던 목표를 달성하기에 스스로가 부족함을 인정하고, 사람들 앞에 약점을 드러내는 일이기 때문이다.

　2020년부터 등산과 트레일 러닝의 매력에 빠진 나는 다음 해에도 같은 대회에서 더 긴 거리인 20km 코스에 도전했고, 완주 후엔 역시나 12km가 주던 감동보다 훨씬 짜릿한 도파민과 엔도르핀이 뇌에서 터지는 듯했다. 나는 내가 도전하는 모든 것을 해낼 수 있다고 내 몸의 세포 하나하나가 소리치는 것 같았다. 춘천에서는 반려견 바둑이와 함께 등산하러 다니고, 부산에 여행을 와서도 혼자 금정산을 등반하는 등 혼자서도 산에 올라갈 만큼 등산의 매력에 푹 빠졌다. 심지어 작년 가을 부산에 왔을 때는 청바지에 가죽 재킷 걸치고 스니커즈를 신고 있었는데, 갑자기 노을을 보고 싶다는 생각이 번뜩 들어 망설이지 않고 바로 택시를 타고 해운대에 있는 장산 공원 입구까지 달려갔고, 단숨에 꼭대기까지 올라가기도 했었다. 당시 풍경에 혼자 감탄하며 사진을 너무 많이 찍다가 정상에서 핸드폰이 꺼져 어두컴컴한 산길을 스포츠 워치에 찍힌 내비게이션에 의존해서 내려와야 했다. 조금 무섭긴 했지만, 뭐 어쨌든 무사히 내려왔고 재밌었잖아? 다음 날부터 무릎이 좀 아프긴 했지만, 쉬면 낫겠지, 아프면 무릎 보호대 끼고 뛰면 되지 뭐, 하며 대수롭지 않게 생각했다. 그리고 그다음 해인 올해, 역시나 같은 대회의 참가자 신청 접수가 열렸고, 나는 용감하게도 42km 코스를 신청했다. 내가 달려본 최장거리도 27km밖에 안 돼서 조금 겁나긴 했지만, 난 뭐든 할 수 있으니까! 당연히 나는 해낼 거라고 스스로를 믿으려고 했다. 맨 처음 완주한 12km도 짜릿했지만 20km에 비할 수 없었으니,

42km는 또 얼마나 벅차오를지 기대감이 컸다. 어차피 올해 가을 춘천 마라톤에서 42.195km의 마라톤 풀코스에 도전하려고 했으니, 트레일 러닝 42km 코스를 미리 완주해 보는 것도 큰 무리는 아닐 거라고 믿었다. 연습을 위한 계획도 세웠다. 언택트로 진행되는 트레일 러닝 패키지를 신청해 서울, 강릉, 순천, 밀양의 트레일 러닝 코스를 완주해 보겠다는 계획을 세웠다. 게다가 당시 나는 퇴사를 앞두고 있었고, 앞으로에 대한 생각을 할 충분한 시간, 그리고 그동안 수고한 나 자신에게 주는 보상의 시간이 필요했다. 강릉과 서울은 나의 달리기 지인들과 함께했지만, 혼자 떠난 순천에서는 지난 시간을 돌아보고 미래를 생각하기에 충분한 시간이었다. 무릎이나 발목에 부담이 되면 보호대를 착용해서라도 노을이 아름다운 강릉의 경포호수 둘레길, 강릉 바다가 보이는 괘방산, 서울 도심이 한눈에 펼쳐지는 한양 도성 둘레길, 순천의 평야가 펼쳐지는 앵무산, 아카시아 꽃향기가 흐르는 봉화산 둘레길을 달렸다. 내가 이렇게 가고 싶은 모든 곳을 내 두 다리로 갈 수 있듯이 앞으로 내가 하고자 하는 모든 일도 해낼 수 있을 거라고 나 자신을 힘껏 격려하고 싶었다. 그런데 세상의 모든 일이 그렇게 항상 내가 원하는 대로 아름답게 흘러가지만은 않는 법.

전부터 한 번씩 느껴지던 무릎의 통증과 불편감이 점점 더 자주 느껴지고 있었다. 서울에서 14km를 달리고 순천에 내려온 날, 저녁에 가볍게 오르려고 한 앵무산에서 길을 잃어 의도치 않게 10km를 달렸고, 그날 이후로 본격적으로 무릎의 통증이 잦아지기 시작했다. 운동하다 보면 이런 경미한 부상이나 통증은 한 번씩 발생하는 거라고, 그게 무서워서 아무것도 안 하고 있으면 이런 벅찬 감동도 없을 거라고, 걱정되는 마음을 달랬다. 하지만 상황은 생각보다 좋지 않았다. 러닝 크루 정기 러닝 모임 장소로 걸어가려는 데도 무릎의 통증이 느껴져 그날은 달릴 수가 없었다. 그때야 심각성을 깨닫고 달리기를 쉬기 시작했지만, 더 나빠지지만 않을 뿐 크게 좋아지기엔 부족한 시간이었다. 통증 관리를 위해 정형외과를 방문할 때마다 충격파 치료 선생님, 물리치료사 선생님 모두 하나같이 지금 상태에선 아무것도 하면 안 된다, 쉬어야 한다고 나의 모든 활동을 뜯어말렸다. 아무것도 안 한다는 건 말도 안 되는 말이었다. 뜨거운 여름을 보내기 위해 내가 결제해 놓은 대회들이 몇 갠데. 무엇보다 제일 중요한 트레일러닝 42km가 올여름 나만의 하이라이트다. 그런데 지금까지 나에게 항상 더 큰 목표를 제시하며 "넌 더 할 수 있어. 더 연습해"라며 강하게 키우던 크루 지인마저 42km 코스 정말 괜찮겠냐고, 무리하는 것 같다고 걱정하기 시작하자 굳게 잡고 있던 마음이 흔들리기 시작했다. 그렇게 결국 나는 그동안 외면하고 있던 나의 미흡한 부분들을 마주하기 시작했다. 고강도의 활동을 하면서 적절한 영양 보충을 신경 쓰지 않아 회복을 더디게 만든 것, 러닝, 등산과 같은 유산소 운동에 비해 근력 운동의 비중이 너무 낮았던 것, 무엇보다 고강도의 활동 후에도 아이싱이나 마사지, 스트레칭 등 회복을 위한 시간을 소홀히 한 것 등…. 누군가 나에게 '장거리 레이스를 어떻게 준비해야 하느냐'고 물어본다면 줄줄이 읊었을 당연한 것들은 나는 어영부영 되는대로 대충 하며 작은 부상들을 큰 부상으로 키워오고 있었다. 지난 시간들을 돌아보면 볼수록 나는 42km 코스에 도전할 자격이 없었다. 이 사실을 인정하기까지 쉽지 않았고, 인정하고 싶지도 않았다. 이론적으로는 누구보다 잘 알고 있으면서 정작 내가 이렇게 아무렇게나 준비했다는 사실은 "중이 제 머리 못 깎는다"는 말로 변명할 수 있는 실수가 아니었다. 아쉬운 마음에 고민이 깊어졌고, 결정을 내려야 했다. 어차피 환불이나 코스 변경은 이미 불가능하지만, 결국 나는 마음을 접고 대회 당일은 42km 코스가 아닌 20km 코스를 뛰기로 결정했다. 사실 20km 코스를 뛰는 것도 최선이 아닌 차악의 선택이었을지도 모른다. 무릎의 충격을 줄여주는 스틱까지 준비하고, 천천히 완주에 의의를 두는 언니, 오빠들과 최대한 천천히 움직였음에도 마지막 2km부터는 오금까지 통증이 느껴지기 시작했다. 이런 상황에서 내가 용기를 낸답시고 무리하게 42km 코스를 감행했다면 어땠을까? 어떻게 해서든 완주를 하고 그 나름의 벅찬 감동을 누리더라도, 나는 그 감동을 위해 그 후에도 더 많은 비용을 치러야 했을지도 모른다. 그때 내가 낸 용기는 42km를 감행하는 용기가 아닌, 그동안의 나의 실수와 부족함을 인정하고 내가 얻고자 하는 감동의 마무리를 포기하는 용기였다. 우리는 무언가에 도전할 때 그것을 어떻게 해서든 완주해내고 끝내는 순간에 박수를 보낸다. 상대적으로 중간에 포기한다는 건 그만큼 열정이 부족하고, 인내심이 부족하다는 것처럼 느껴진다. 포기하는 것은 결국 무언가를 잃는다는 것을 의미한다. 그래서 사람들은 언제나 '포기하지 말라', '끝까지 포기해선 안 된다'며 완주를 위해 애쓰는 사람들을 격려한다. 당장의 그 목표만 바라볼 때 포기하지 않고 끝까지 해보는 것도 좋다. 하지만 그게 어떤 목표이든 간에, 그 목표가 우리 삶의 최종 목표는 아닐 것이다. 그리고 정말로 '일생에 단 한 번뿐인' 목표는 그렇게 많지 않다. 사이클이 길든 짧든 언젠가는 다시 돌아오고, 세상은 넓으며 기회는 많다. 그런데 그 하나의 목표만을 바라보고, 그 목표 이후에 누려야 하는 삶까지 희생해가며 달리는 것이 과연 언제나 좋은 선택일까? 물론 우리 삶에 있는 수많은 도전 앞에 너무 쉽게 포기해서는 안 된다. 포기가 습관이 되면 아무런 성장도, 배움도 없다. 하지만 때로는 더 큰 목표를 위해, 더 장기적인 관점에서 지금 손에 움켜쥔 것을 놓아야 할 때도 있다. 단, 포기할 땐 반드시 앞으로의 대안, 그리고 다음에 다시 도전할 때는 포기하지 않을 수 있도록 철저한 반성은 필수다. 42km 트레일 러닝 코스는 포기했지만, 아쉬움의 크기만큼 배움과 성장의 크기도 컸다. 전과 같은 자신감을 잃지 않되, 번거롭지만 해야만 하는 일들(예를 들어 충분한 영양섭취와 함께 근육 이완을 위한 스트레칭, 마사지, 염증 관리를 위한 아이싱 등)을 '괜찮겠지.'라는 안일한 마음으로 건너뛰지 않았다. 내년에도 대회는 열릴 것이고, 무엇보다 이번 해 나에게는 이 아쉬움을 만회할 또 다른 도전이 남아있었다. 바로, 올가을 열리는 춘천 마라톤 풀코스였다.

인생이 계속되는 한 마라톤은 계속된다

내가 활동하는 춘천 러닝크루에는 사람들 사이 종종 회자 되는 명언이 있다. '풀코스를 뛰지 않은 자 인생을 논하지 마라'. 크루 초창기부터 활동해 온 한 크루원의 말이었다. 비혼주의였다는 그는 크루에서 만난 여자친구와 함께 풀코스를 완주하고, 지난해 그녀와 결혼을 했다. 비혼주의자가 결혼을 선택하기까지 얼마나 많은 고민과 갈등이 있었을지 내가 감히 추측할 수는 없지만, 42.195km라는 거리를 함께 달린다는 것은 기나긴 인생을 함께한다는 것을 함축한 경험이 아닐까 하는 생각이 든다. 오죽하면 '풀코스 페이스 메이커는 결혼할 사람한테 해주는 것이다.'라는 말이 있을까. 페이스메이커는 원하는 기록을 세울 수 있도록 일정한 속도로 같이 달려주는 사람을 말한다. 물론 한 러너의 개인적인 생각일 수 있지만, 풀코스를 뛰어보니 꽤 고개가 끄덕여지는 말이다. 그만큼 내가 처음 경험한 풀코스 마라톤은 인생을 많이 닮아있었다. 장거리 달리기를 할 때 가장 중요한 것은 체력 배분이다. 그리고 체력을 배분하는데 가장 중요한 것은 최대한 일정한 속도로 달리되, 자신의 몸 상태를 끊임없이 체크하며 속도를 조절하는 것이다. 보통 레이스 초반에는 의욕이 높으므로 속도가 빠르지만, 그 속도가 진정 자신의 속도였는지는 후반부에 알 수 있다. 나에게 맞는 속도를 어떻게 알고 맞출 수 있을까? 우리 몸에서 거의 무한대로 가지고 있는 원료인 지방을 주 에너지원으로 태울 수 있는 속도로 달려야 하는데, 운동 강도가 자신의 체력 수준의 중간 강도 이상을 넘어가면 그때부터는 한정된 연료인 탄수화물을 태운다. 이 강도를 쉽게 표현하면 옆 사람과 간단한 대화를 할 수 있는 정도의 속도로 달리는 것이다. 그 정도의 여유가 없는 속도라면 42.195km를 내리 달릴 수 있는 속도가 아니다. 어떻게 죽을 힘을 다해 완주하더라도 회복하기까지 오랜 시간이 걸릴 것이다. 나의 현재 상태를 계속해서 점검하는 것도 필요하다. 나의 첫 풀코스는 나의 몸과 끊임없이 대화하며 페이스를 조절하는 시간이었다. 달리는 내내 몸이 보내는 신호에 항상 귀 기울이며 틈틈이 물과 탄수화물을 보충하고 기회가 될 때마다 잠시 멈춰 파스로 염증을 가라앉혀 주려 애썼다.

우리 삶에서도 이렇게 장거리 마라톤을 달릴 때의 자세로 임해야 하는 일들이 있다. 건강한 몸을 만드는 것, 한 분야에서 전문성을 가지는 것, 사랑하는 사람과 깊은 관계를 형성하는 것, 그리고 한 생명이 스스로의 힘으로 살아갈 수 있도록 하나씩 가르치는 일 등. 삶에서 중요한 것들은 대부분 단기간의 노력이나 열정만으로 해낼 수 있는 일들이 아니다. 이렇게 여러 가지 과제가 있고, 하나의 과제가 끝나면 또 다른 과제가 이어진다. 대학 입학이라는 마라톤을 완주하고 나면 성인으로 살아가는 레이스, 학점 관리라는 레이스, 취업 준비라는 레이스 등 다양한 레이스들이 펼쳐진다. 무엇이든 최선을 다하는 것이 맞지만, 마치 인생의 유일한 레이스인 것처럼 한두 가지의 레이스에 자신의 에너지를 초과해서 사용해 버리면 그 후의 레이스나 다른 레이스에 영향을 주게 된다. 풀코스를 뛰기 전 장년층이 주로 계신 마라톤 동호회와 합동 훈련을 한 적이 있었다. 그때 60대 마라톤 선배님과 함께 27km 전반부를 달렸는데 그때 선배님이 말씀하시길 젊은 시절 서브 3(42.195km 코스를 3시간 안으로 들어오는 기록) 세우던 사람들 대부분이 지금은 마라톤을 뛰지 않는다며, 얇고 길게 가려면 기록 욕심을 내면 안 된다고 하셨다. 물론 모든 서브 3 주자들이 금방 그만두는 것은 아니겠지만, 그 나이까지 마라톤을 즐기실 수 있는 비법은 단순히 '느리게 뛰는 것'만은 아닌 것 같았다. 이후에 펼쳐질 레이스까지 생각하며, 몸과 마음의 여유 공간을 항상 남겨두시는 지혜였다. 그렇기에 60대라는 나이에도 30대인 나보다 더 편하게 호흡하시며, 달리는 내내 이런저런 이야기와 가벼운 농담을 나누실 수 있었던 게 아닐까? 순위권에 드는 영광도 물론 좋다. 하지만 우리의 인생은 항상 일등이 있으면 꼴찌도 있는 법이며, 일등에게도 박수를 치지만 끝까지 완주해낸 꼴찌에게도 박수를 보낸다. 중간에 회송 버스를 타고 레이스를 포기하더라도, 그것이 앞으로의 레이스들까지 실패할 것을 의미하지는 않는다. 도전이라는 그 자체만으로도 박수받을 이유는 충분하다.

마라톤을 무사히 완주하기 위해서는 자신에게 맞는 속도를 제대로 알고, 그것을 유지해야 한다고 했다. 하지만 대회장에서 사람들과 함께 달릴 때, 나만의 속도를 유지하기란 쉽지 않다. 우리는 끊임 없이 다른 사람과 나를 비교한다. 하지만 비교가 '비교'인 이유는, 비교할 때 우리는 비참해지거나 교만해지기 때문이다. 나와 비슷한 속도로 달리는 사람과 함께 연대하되, 각자의 차이로 인해 중간에 헤어지게 되어도 이 레이스를 혼자서도 충분히 해낼 것이라는 믿음이 있다면 아쉬워할 필요 없다. 어차피 인생과 마라톤은 개인전이다. 그렇기에 분명 '개인전임에도' 나에게 속도를 맞추며, 때로는 이끌어주며 함께해 주는 누군가가 더 감사한 것이다. 어차피 혼자 사는 인생이라는데도 굳이 옆에 머물면서, 불편해도 함께 인생이란 레이스를 달려주는 상대가 그래서 감사한 것이다.

 마라톤을 하다 보면 어떤 레이스는 기록을 위해 앞만 보고 달리기도 한다. 많은 준비 후에 목표로 하는 기록을 달성하는 레이스도 짜릿하고 영광스럽다. 하지만 모든 마라톤을 그렇게 달린다면 마라톤이 금방 질려버리지 않을까? 언제부턴가 삶이 너무 지겹게 느껴진다면 너무 모든 경기에 기록 욕심을 내며 앞만 보고 달린 게 아닌지 되돌아보자. 기록 욕심 없이 천천히 즐겁게 달리는 것을 '펀 런(Fun Run)'이라고 한다. 때로는 기록 욕심 없이 그냥 주변을 둘러보고, 함께 달리는 사람과 도란도란 이야기 나누며, 중간에 사진 찍어주는 사람을 보면 포즈도 취하면서 추억을 만드는 레이스도 필요하다. 이러한 레이스는 힘을 쓰기보다 오히려 충전한다. 다음 레이스에 대한 기대감을 품게 한다. 너무 기진맥진해질 만큼 달리면 한동안은 다음 경기에서의 성장에 대해 확신을 갖기 어렵다. 물론 펀 런으로 가볍게 달린다고 해도 풀 마라톤은 어쨌든 풀 마라톤이기 때문에 웬만큼 단련된 선수가 아닌 이상 전혀 안 힘들 수는 없다. 이미 그 긴 레이스를 뛴다는 것 자체가 어느 정도 고통은 감내하겠다는 각오를 한 것이나 다름없다. 기록을 향해 달리는 레이스이든 좀 더 여유롭게 달리는 레이스이든, 그 고통을 감내할 각오로 출발선에 서고, 자신만의 레이스를 꾸준하게 달린 자들만이 러너스하이라는 형언할 수 없는 행복감을 느낄 수 있다. 여러분은 지금 어떤 레이스를 달리고 있는가? 혹은 어떤 레이스를 준비하고 있는가? 오늘 속도가 조금 떨어졌다고 자책할 필요 없다. 내일 조금 더 달릴 수도 있고, 내 옆 사람이 나보다 좀 더 앞서간다고 큰일이 나지 않는다. 삶이 고단하고 고통스럽지만 감당할 수 있는 나만의 속도로 꾸준히 달리다 보면, 어느 날 문득 바라본 부모님의 살아계심이 감사하고, 어김없이 찾아와주는 봄 날씨에 행복해지는 등 삶의 고통을 잊게 해주는 러너스하이 같은 순수한 기쁨이 우리 삶에 함께하는 순간이 올 것이다.

Chapter 5. 성장

(번외)
의지력이 너무 약해 힘들다면

> 원한다면 용기를 내. 떨어질까 봐 무서워하지 마.
> 기회를 잡아. 왜냐하면, 아무것도 하지 않는 것보단 나을 테니까
> – 애니메이션 「신데렐라」 중

‖ 의지력은 돈으로 살 수 있다

『트렌드 코리아 2022』의 「바른 생활 루틴이」라는 챕터를 보면 '챌린저스'라는 어플에 대해서 소개한다. 챌린저스라는 이름답게, 자신이 만들고 싶은 습관을 만들 수 있는 어플이다. 자신이 만들고 싶은 습관을 고르고, 그 행동을 일정 기간(주로 2주에서 4주) 동안 정해진 횟수만큼 실천하고 인증한다. 예를 들어, 아침형 인간이 되고 싶은 사람이 매일 아침 6시 기상하기에 도전한다면 매일 아침 6시 10분 전까지 인증 사진을 올려야 한다. 에이, 그런다고 그걸 실천할까 싶지만, 중요한 건 돈이 걸려있다는 것. 한 가지 챌린지에 도전하려면 최소 만 원

을 걸어야 한다. 인증해야 하는 횟수의 85% 이상 달성하면 전액을 환급받고, 그 이하는 달성한 % 만큼만 환급받는다. 만 원을 걸었는데 90% 성공하면 전액 환급이지만 80%만 성공하면 8천 원만 환급받는 구조. 물론, 100% 성공한 사람들에게 돌아가는 혜택도 있다. 85% 이하로 달성해서 전액 환급받지 못하는 사람들이 잃은 돈을 100% 성공한 사람끼리 '본인이 걸었던 금액에 비례하여' 나눠 갖는다. 돈을 많이 걸수록 잃게 될 금액도 많지만, 본인이 모두 달성할 경우 얻어갈 상금의 비율도 커지는 구조다. 맨 처음 이 어플을 알게 되었을 때, 와, 이거 진짜 대박이다 싶었는데, 역시나 지금까지 계속 발전을 거듭해 이렇게 『트렌드 코리아』에도 소개되고 있다. 챌린저스라는 앱에 이렇게 많은 사람이 모인 것은 그만큼 돈을 거는 것이 의지력을 높이는 데 효과적이라는 것을 보여준다. 조금 다른 맥락이지만, 내가 처음으로 '가장 꾸준하게' 운동을 한 계기도 바로 '너무 비싼 강습비'였다.

운동과는 별개로 그 전부터 수영을 꼭 배워보고 싶었다. 물놀이를 가거나 수영장에 가면 수영은커녕 물에도 뜰 줄 몰라 튜브 없으면 놀 수 없는 것이 아쉬웠다. 그리고 교환학생을 가면 유럽은 수영장이 엄청 잘 되어 있다고 들었는데, 한국에선 호텔이나 고급 사우나에 가야 있는 야외 풀장이 시립 수영장 같은 곳에도 흔하게 있다고 했다. **(교환학생에 합격하기도 전에 이런 상상부터 했다니 나도 참.)** 그래서 마침 날도 더워지고, 어차피 운동도 해야 하는데 이 기회에 수영을 배워볼까 생각하니 갑자기 굉장히 설레기 시작했다. 그런데 아무리 내가 수영을 배우고 싶었다고는 해도, 매일 매일 아침 수영을 간다는 건 내 인생에서 상상할 수도 없는 일이었다. 그런데 그걸 가능하게 한 건 바로 어마어마한 수영 강습료였다. 당시 나의 한 달 용돈이 30만 원이었는데, 강습료가 무려 12만 8천 원이었다. 교환학생을 가겠다고 토플 학원에 다니며 쏟아부은 학원비가 거의 한 학기 등록금 수준이라, 수영 강습은 내 용돈으로 다녀야 했다. 수영 강습료를 계산해 보면 하루에 거의 6,500원꼴인데, 그 당시 한 끼 밥값 수준이었다. 당시 다행히 기숙사에 살던 나는 절대 밖에서 외식 안 하고 기숙사에서 나오는 밥만 먹겠다고 다짐하며, 매일 매일 열심히 수영을 다녔다.

『완벽한 공부법』의 저자 신영준 박사는 대학교에서 학점을 잘 받는 방법으로 '독서실을 등록하라'고 조언한다. 물론, 자신이 번 돈이나 용돈으로 해야 한다! 독서실이 더 조용하거나 공부 환경이 특별히 좋아서가 아니다. 오히려 대학교 도서관도 공부하기엔 충분히 좋은 환경이다. 문제는 도서관은 '무료'라는 점이다. 내가 가고 싶을 때 아무 때나 가서 공부할 수 있는 곳이다. 가면 좋지만, 안 간다고 크게 손해 볼 건 없다. 하지만 '내 돈 내고 등록한' 독서실은 느낌이 다르다. 독서실에 등록할 때 등록한 비용은 이미 지불이 끝난 금액이다. 독서실을 일정 기간 이용할 권리를 산 것일 뿐인데, 독서실을 '자주' 가야 '본전을 찾는 느낌'이 든다. 이를 매몰 비용 효과라고 하는데, 이런 심리를 역이용해서 독서실로 공부하러 가게 만드는 것이다. 고등학교와 다르게 대학교에서는 아무도 공부하라고 강요하지 않는다. 다 같이 한 교실에 모여서 짜인 시간표대로 공부하는 환경보다, 나 스스로 공부할 시간을 잡고 공부할 장소로 이동해서 책을 펴고 공부하는 것이 훨씬 더 많은 의지력이 필요하다. 운동도 마찬가지다. 특히 신경 써야 할 일이 많고 여유 시간이 많지 않다면 운동 시간과 장소를 아예 고정해 두는 것, 그리고 그 시간에 비용까지 지불하면 훨씬 더 효과적이다. 아무리 헬스장 기부 천사라고 해도, 헬스장을 전혀 등록하지 않았을 때보다 단 한 번이라도 더 가게 된다. 거기에 개인 트레이너까지 고용하면 정해진 시간에 운동할 가능성은 거의 100%에 가깝게 올라간다. 개인마다 사용할 수 있는 예산은 모두 다르겠지만, '의지력'이 필요하다면 나는 자신에게 적합한 방법을 찾아 과감하게 투자하길 권한다. 의지력은 한정된 자원이다. 필요하다면 돈으로 사는 것도 충분히 현명한 방법이 될 수 있다.

‖ 나에게 좋은 모습을 기대하는 사람

혼자 운동을 하는 것보다 누군가와 함께할 때 꾸준하게 실천할 가능성이 좀 더 높다. 단, 여기서 중요한 건 '나에게 좋은 모습을 기대하는 사람'과 함께할 때 '꾸준히 운동하게 하는' 효과가 나타난다. 이 말은 즉 함께하는 그 사람도 기본적인 성실함을 갖추고 있어야 한다는 말이기도 하다. 대부분의 사람에게 '성실함'을 인정받는 누군가가 나를 보며 '성실한 사람'이라고 생각한다면 나는 그 사람의 기대를 저버리고 싶지 않은 마음이 드는 것이 당연하다. 그래서 나에게 좋은 모습을 기대하는 사람 앞에서는 조금 피곤하거나 귀찮아도 책임과 의무를 쉽게 저버리기 어렵다. 내가 아침 수영을 한 번도 빠지지 않고 꾸준하게 다닐 수 있게 해준 또 하나의 동력이 바로 '나를 굉장히 성실한 사람으로 생각한' 내 친구 J였다. 나는 J를 토플 학원에서 처음 만났고, J는 다른 친구와 함께 나처럼 교환학생을 준비하고 있었다. 우리는 서로 선의의 경쟁을 하며 정말 열심히 공부했다. 그리고 J의 친구는 먼저 교환학생에 합격했고, 나와 J는 일단 복학을 한 뒤 다시 돌아온 여름방학에 교환학생 합격을 향한 마지막 재도전을 함께하기로 했다. 그러던 중 나는 수영 강습을 다니기로 결심했고, 혼자서는 꾸준히 할 자신이 없어 내 친구 J를 꼬시기 시작했다. 당시 여름방학에 다시 토플 학원도 다녀야 했던 터라 들을 수 있는 초급 수영 강습은 아침 일곱 시 수업밖엔 없었다. 내가 그때 무슨 말로 구워삶았는지 모르지만, J는 고맙게도 나와 같이 그 비싼 수영수업을 등록해 주었고, 아침 아홉 시 1교시 수업도 힘겹게 가던 우리는 상상도 못 해본 아침 일곱 시 수영을 다니기 시작했다.

당시 나에게 너무 비쌌던 강습료, 그리고 내가 꼬셔서 같이 다니는 친구 J를 생각하면 단 하루도 빠질 수가 없었다. J는 나를 보고 내가 본인을 깨워줘야 한다며 아침 기상에 자신 없어 했지만 막상 시작되니 그녀는 알아서 잘 일어났고, 너무 늦게 자서 못 간 날을 제외하곤 거의 항상 나와 함께 수영장에 갔다. 여기에 친한 친구 사이에 느끼는 약간의 경쟁심리도 나의 의지력을 불태우는 데 한몫했다. 나는 항상 운동에 있어서는 '못한다'는 열등감을 가지고 있었다. 그래서 친구 J와 함께 다니는 것이 좋으면서도, 내가 J보다 훨씬 못하게 될 것이 은근히 두려웠던 것 같다. 한 번 수업을 빠지면 그만큼 내가 진도를 못 따라가고 그 그룹에서 제일 못하게 될 것이 두려웠다. 그렇게 매일 매일 친구와 함께 꾸준히 다니다 보니, 심각하게 운동신경이 떨어지는 나도 조금씩 허우적대며 물에서 앞으로 나아가고 있었다.

그렇게 나는 내 생에 처음으로 꼬박 두 달을 꾸준하게 수영을 배우러 다녔다. 사실 그때 J가 나와 함께 수영을 배우러 다녀준 건 정말 나에겐 행운이었다. 그녀는 함께 운동하기에 정말 적합한 친구였다. 만약 J가 그다지 성실하지 않고, 수영 강습에 자주 빠졌다면 나도 하루 이틀은 타협하고 싶었을지도 모른다. 게다가 이 친구는 뭘 보고 그렇게 판단했는지 나를 엄청나게 열심히 사는 사람으로 보고 있었다. 나를 그렇게 '성실한 사람'으로 평가하는 그녀의 기대를 깨고 싶지 않다는 마음도 나를 수영장에 더 꾸준하게 열심히 다니게 만들었다.

함께하는 사람의 영향력이 이렇게 무섭다. 그리고 그 사람이 나를 '좋은 사람이길' 기대하는 마음과 그럴 것이라고 믿는 신뢰는 정말 힘이 세다. 운동뿐만 아니라 무언가에 도전할 때, '그런 걸 왜 하냐'거나 '네가 무슨 그런 걸 하냐'고 의지를 꺾는 사람들이 아닌, 내가 최선을 다할 것이라고 믿는 사람을 곁에 두자. 나에게 최고의 모습을 기대하는 사람은 내가 조금 부족하더라도 최선을 다했다는 것을 알기에 실수에도 관대하다. 그리고 제일 중요한 사람, 나 자신도 꼭 그렇게 믿자. 나는 나 자신에게 최고의 모습을 보여줄 것이라고.

‖ 어떤 헬스장을 다녀야 할까?

사실 '좋다', '딱 맞다'의 기준은 사람마다 다를 수 있기 때문에 이 글이 반드시 정답이라고 말할 수는 없다. 언제나 선택의 기준은 각자의 경험을 기반으로 하므로, 누군가는 샤워장이 가장 중요할 수 있고, 누군가는 다른 것 다 제치고 영업시간이 더 중요할 수도 있다. 하지만 아래 내용을 체크해 본다면 나 혼자만의 경험만 가지고 선택할 때 고려하지 못하는 부분들을 발견할 수 있다.

🚶 위치

동선의 효율화는 꾸준한 운동 습관을 들이기에 필수적인 요소다. 안 그래도 갈 때가 되면 귀찮아지는 것이 운동인데, 거리까지 멀면 갑자기 안 갈 이유들이 머릿속에 하나둘 떠오르기 시작한다. 그러나 무조건 '가까운 곳'만이 가장 좋은 선택인 건 아니다. 물론 같은 조건이라면 가까운 곳이 제일 좋은 것이 사실이지만, 아래의 다른 조건 중 상당수를 만족시키지 못하거나 체중 감량을 목적으로 운동을 하는데 오가는 길에 자극적인 냄새를 풍기는 식당들이 많다면 차라리 차를 타고 가야 하는 거리라도 조금 더 먼 곳이 나은 선택일 수 있다. 그리고 '가깝다.' 라는 기준이 반드시 집 바로 앞을 의미하지도 않는다. 개인의 체력에 따라 거부감 없이 걸을 수 있는 거리(대략 걸어서 10~20분) 정도에 있다면 충분히 가까운 곳으로 봐도 좋다.

🚶 공간의 다양성

대부분의 헬스장에서 가장 많은 공간을 차지하는 곳이 아마 중량 머신 운동 공간일 것이다. 물론 머신의 부피가 크기 때문이기도 하겠지만, 스트레칭 공간이나 프리웨이트 공간이 머신 운동 공간에 비해 현저히 작다면 나의 운동 패턴도 머신 운동에 더 치우치게 되기 쉽다.

여러분이 가고자 하는 헬스장의 공간은 어떻게 구성되어 있는가? 머신이 대부분이라면 근육을 크게 만들고자 하는 사람에게는 최적의 공간이다. 바디프로필을 준비하거나 시합을 준비하는 보디빌더 선수에게는 머신만큼 효율적인 운동 기구가 없다. 최소한의 근력조차 없어서 당장은 프리웨이트로 시작하기 어려운 사람도 운동 '시작' 단계에서는 머신의 장점이 크다. 그러나 좀 더 운동신경이 발달한, 그리고 좀 더 체력적으로 균형 잡힌 몸을 원한다면 머신이 대부분을 차지하고 프리웨이트나 스트레칭 존이 충분하지 않은 헬스장은 당신에게 장기적으로는 적합하지 않을 수 있다. 내가 운동을 하고자 하는 목적이 무엇인지 분명하게 정하면 헬스장을 선택하는 기준도 좀 더 명확해진다.

🚶 운동 도구의 다양성

사실 위에서 말한 '공간의 구성'은 엄청나게 넓은 헬스장이라면 프리웨이트나 스트레칭 존도 얼마든지 넓게 구성할 수 있다. 단, 그 공간을 채우는 운동 기구들이 얼마나 다양한지도 신경 써서 볼 필요가 있다. 단순히 바벨과 원판, 덤벨로만 채워져 있는가? 케틀벨, 불가리안 백, 스텝 박스, 점프 박스 등의 운동 도구들이 다양하게 준비되어 있는가? 특히 나중에 그 헬스장에서 PT를 받게 된다면 도구가 다양할수록 배울 수 있는 운동의 폭도 다양해진다. 그리고 프리웨이트 존이라고 해서 덤벨과 바벨, 원판만 놓고 텅 비워놓은 공간을 의미하는 것이 아니다. 바벨을 걸 수 있는 파워렉, 벤치프레스와 데드리프트 랙이 최소한 한 개 이상씩은 준비되어 있어야 최소한의 웨이트 트레이닝을 할 수 있다. 헬스장 규모는 큰데 이러한 랙의 개수들은 딱 하나씩만 있다면 나는 조금 망설여질 것 같다. 기본적인 프리웨이트 운동을 할 때 다른 사람들과 눈치 싸움을 하게 될 가능성이 높다.

🚶 시설관리 상태 (정리정돈과 고장 유무, 청결)

사실 시설관리는 모든 사업장 운영의 기본인데, 생각보다 사람들이 대충 확인하는 경우가 많다. 덤벨과 원판 무게를 차례대로 갖추고 있는지, 그리고 그것들이 제자리에 잘 놓여있는지, 머신의 케이블이 녹슬었거나 먼지가 쌓여있지는 않은지 등을 살펴보자. 이용자들이 제대로 정리하지 않는다고 해도, 상주하는 직원은 최대한 정돈된 상태를 유지해야 한다. 특히나 덤벨과 원판은 가벼운 것부터 꺼내기 쉽게 세팅되어 있어야 초보자도 안전하게 이용할 수 있다. 깨끗한 거리보다 쓰레기가 쌓여있는 곳에 더 쉽게 쓰레기를 버리게 되듯이, 정돈되지 않은 곳에서는 사람들이 정리하지 않을 가능성이 더 크다. 헬스장 시설관리가 제대로 안 되어있는 원인이 이용자의 비매너 때문인지, 직원의 관리 미흡 때문인지는 중요하지 않다. 비매너 이용자가 있는 헬스장이든 직원이 관리하지 않는 헬스장이든 둘 다 헬스장 선택에 있어서 상당히 큰 마이너스 요소이기 때문이다.

헬스장을 고르는 기준 중 2번과 3번은 내 생각을 반영한 기준일 뿐, 정답은 없다. 중요한 건 각자 개인이 '왜' 운동을 하는지에 대해 명확히 아는 것이다. 극단적 예이지만 다른 것 다 필요 없고 그냥 몸을 움직이는 것에 의의를 두고 쾌적하게 씻고 가는 게 중요하면 그냥 샤워장이 제일 좋은 곳을 선택하면 된다. 정답은 오직 내 안에 있다.

‖ 좋은 운동지도자를 만나려면

 나는 운동을 처음 배우는 사람에게 가급적 전문가를 통해 배우는 것을 권한다. 특히나 중량을 다루는 근력 운동의 경우 혼자서 잘못된 자세로 하면 부상 위험이 크기 때문에 더더욱 전문가의 도움이 필요하다. 그런데 필라테스나 요가, 수영 등의 운동은 그룹 수업이 있어 비교적 저렴하게 이용할 수 있지만 근력 운동의 옵션은 1:1 레슨 뿐이라, 제대로 배우려면 가격이 만만치 않다. 근력 운동도 그룹으로 배울 수 있는 옵션이 생기면 가장 좋겠지만, 1:1 레슨밖에 없다면 나는 분명히 투자할 만한 가치가 있다고 생각한다. 나에게 필요한 운동만으로 한 시간 동안의 운동을 구성해서 알려주고, 내 몸을 어떻게 써야 하는지에 대한 전문 지식을 배우는 시간이라는 걸 생각하면 절대 비싸지 않다. 단, 충분히 좋은 지도자라는 전제하에 말이다. 혹시 1:1 레슨을 받는 것을 고려하고 있는데 가격이 부담된다면 당장 저렴한 가격의 PT를 끊는 것보다는 돈을 좀 더 모으더라도 아래의 기준을 참고하여 제대로 된 좋은 지도자를 만나는 것이 훨씬 더 돈을 아끼는 길이 될 것이라고 확신한다.

🚶 관리와 운동을 꾸준하게 하고 있다

트레이너나 필라테스 강사, 요가 강사라고 해서 반드시 당장 프로필 사진에서 튀어나온 듯이 근육이 빵빵하거나 엄청나게 날씬해야 하는 건 아니다. 오히려 그런 몸 상태는 건강하지 않으며, 그 몸을 유지하는 데는 상당히 많은 에너지가 소모되기 때문에 수업에 집중하지 못할 가능성이 크다. 하지만 회원의 몸을 관리해 준다는 트레이너가 건강하지 못한 식습관들과 운동 부족으로 인해 배가 나오고 있다는 건 문제가 있다. 아무리 중이 제 머리 못 깎는다고 해도, 일상에서 본인 몸 관리에 대한 긴장감이 떨어져 있는데 남의 몸을 관리해 줄 수 있을까? 물론, 매출 관리를 위해 수업을 너무 많이 해야 해서 트레이너가 정작 본인의 운동을 하지 못하는 안타까운 경우도 있다. 혹시 헬스장 운영 대표님이 이 글을 보신다면 트레이너가 본인의 건강 관리는 할 수 있도록 최소한의 운동 시간은 확보해 주셨으면 하는 바람이다. 단기적으로는 매출 감소 같아도, 그것이 PT 수업의 질을 높이는 방향이라고 생각한다.

🚶 기본적인 공부를 했으며, 지금도 하고 있다

몸을 다루는 분야는 늘 어렵다. 그래서 몸을 자세히 다룰수록 진입 장벽이 높다. 의사, 간호사, 물리치료사 등 의료계의 라이센스를 따기 위해선 그에 상응하는 학위와 국가고시 합격이 필요하다. 운동을 가르치는 운동지도자도 이러한 국가 자격증이 있는데, 가장 흔히 알려진 것이 생활체육 지도자이다. 자격증 취득 과정에서 운동 종목에 따라 실습 내용이 달라지지만, 1차 시험인 필기시험에서 스포츠 교육학, 사회학, 심리학, 윤리, 생리학, 역학, 체육사 중 5과목을 골라서 응시하는 것은 동일하다. 이 모든 과목이 모두 중요하지만, 몸을 다루는 사람으로서 생리학과 역학은 가장 기본 중의 기본이다.

일반적으로 퍼스널트레이너에게 PT를 받을 때 기대하는 서비스는 운동과 함께 식습관 변화를 통해 체지방을 줄이고, 근육량을 늘리고, 불균형하게 발달한 근육들이 조화롭게 움직일 수 있도록 하는 것이다. 그러한 지도가 가능하려면 스포츠 생리학, 스포츠 영양학에 대해 알고 있어야 하고, 근골격계 구조에 대해서도 충분한 이해가 필요하다. 운동은 '움직이는 일'이기 때문에 여기에 물리적인 개념인 '역학'에 대한 이해까지 필요하다. 그래서 생활체육 지도자 자격증 과목 중 생리학과 역학이 현장에서 가장 직접적으로 많이 쓰이고, 트레이너를 시작한다면 반드시 이 과목을 응시할 것을 추천한다.

물론, 운동 경험이 없는 사람이 자격증만 따고, 혹은 대학교 전공만

해서 이론만 가지고 현장에 적용할 수는 없다. 갓 졸업한 체육학과 학생이 학점 관리를 잘해서 위와 같은 과목들에서 모두 A를 받았다고 해도, 본인이 충분한 운동 경험이 없다면 좋은 운동지도자가 될 수 없다. 전공이나 자격증은 '기본적인 지식'을 배웠다는 증거일 뿐이지, 본인이 전문가임을 증명하지는 않는다. 누군가의 몸을 관리하고자 한다면 학사 전공이나 생활체육 지도자 자격증은 시작일 뿐, 전문성에 대한 지속적인 업데이트가 필요하다.

혹시 어떤 운동지도자가 초보 운동지도자가 아닌데 이러한 자격증이 없거나 취득에 실패하고 있다면 그 분야의 지식의 깊이에 대해 다시 한 번 확인해 볼 필요가 있다. 운동에 대한 경험이 아무리 풍부해도, 그것은 본인의 몸일 뿐이다. 선무당이 사람 잡는다고, 자신의 몸과 주변의 일부 사람들에게 적용해 본 지식이 전부라고 생각하는 것은 상당히 위험하다. 누구나 처음은 있고, 부족할 수 있다. 그러나 그 부족함을 채우기 위해 꾸준히 공부하는 것이 '진행형'이 아니라면 그 사람은 좋은 지도자가 아닐 가능성이 크다.

🚶 바디프로필이나 다이어트를 과도하게 권하지 않는다

높은 체지방률로 인해 회원에게 당뇨, 고혈압, 고지혈증 등 대사 질환 발생 가능성이 커지거나 일상적인 움직임에 제한이 생기고 있다면 당연히 다이어트를 권유해야 한다. 아니, 권유를 넘어 회원이 건강한 선택을 하도록 설득하는 것도 트레이너의 역량이라고 생각한다. 하지만 적정량의 체지방률을 유지하고 있는 사람에게까지 '굳이' 다이어트를 권하거나 바디프로필을 목표로 더 많은 감량에 도전하는 것을 지속해서 추천하는 것은 회원을 위한 방향이 아니다. 기본적으로 몸과 마음이 건강한 상태에서 어떤 체형으로, 어떤 라이프 스타일을 즐기고, 어떤 운동을 취미로 삼을지는 모두 개인이 선택할 문제이다. 체지방률은 무조건 낮을수록 좋은 것이 아니며, 겉으로 보이는 피하지방이 많아 보인다고 해서 반드시 건강하지 않은 것도 아니다. 사실 이렇게 겉으로 보이는 비포, 애프터를 명확하게 바꿔놓는 것은 사진으로도 명확히 남길 수 있어 트레이너에게도 자신의 경력으로 남기기가 좋다. 그러나 비만은 아니라도 운동이 부족한 대다수의 현대인에게는 보이지 않는 변화가 더 중요하다. 식습관의 변화나 운동 습관의 형성, 운동에 대한 흥미, 못하던 움직임을 할 수 있게 되는 것 등, 이러한 보이지 않는 변화를 이끌어 내는 것을 더 중요하게 생각하는 지도자를 만나야 한다. 그럼 그걸 어떻게 알 수 있을까? PT 상담을 받아 보면 스스로가 가장 자랑스럽게 생각하는 것에 대해 알아서 이야기해 줄 것이다.

🚶 시간 약속을 잘 지킨다

너무 뻔한 얘기 같아서 적을까 말까 고민하다가 운동 수업이 엄연한 '교육 서비스업'으로 자리 잡길 바라는 마음으로 적었다. 기본적으로 1:1 레슨이란 트레이너를 일정 시간 동안 고용하는 것이다. 즉, 약속된 수업 시간에 대해 회원이 비용을 지불하는 것인데, 그 시간을 지키지 않는 것은 약속된 서비스를 제공하지 않는 것과 같다. 물론 회원 역시 사전에 약속한 그 시간에 대해 비용을 지불한 것이기 때문에, 임박한 시간에 일방적으로 취소하더라도 지불한 비용에 대해 환불받을 수 없는 것이 원칙이다. 담당 트레이너는 당신이 비용을 지불한 만큼 그 시간을 빼놓았을 것이기 때문이다. 여기서, 시간 약속이란 단순히 수업 시작 시간을 잘 지키는 것만을 의미하지 않는다. 수업 시간 중에 자리를 비우거나 개인적인 일을 하지 않는 것 또한 '시간 약속'에 포함된다.

좋은 헬스장을 선택하기도 쉽지 않았는데, 또 트레이너 선택까지 하려니 벌써 피곤해지니 그냥 가격 부담 적고 가까운 곳에서 받고 싶을 수 있다. 사실 본인이 특별히 아픈 곳이 없다면 단순히 운동하는 방법만 알려주면서 그 시간에 자신이 운동할 수 있도록 잡아주는 수준의 서비스만으로도 충분히 만족할 수도 있다. 그런 경우 사실 위의 모든 조건을 만족하는 사람을 찾느라 너무 오랜 시간과 돈을 소비하는 것보다는, 차라리 나에게 가장 중요한 몇 가지 조건만 맞추고 가격과 위치를 고려해 빨리 운동을 시작하는 것이 나을 수도 있다. 내 기준에서는 돈 낭비 같아도, 만족은 어디까지나 주관적인 영역이니 강요할 수 없다.

이러한 조건들은 운동과 건강에 대한 나의 가치관, 운동지도자로서 가지고 있는 주관적인 직업의식을 바탕으로 만든 것이기 때문에 누군가에게는 불필요한 조건일 수도 있다는 사실을 참고하길 바란다.

다이어트 말고
잘 살고 싶어서

펴 낸 날 2023년 2월 24일

지 은 이 최재희
펴 낸 이 이기성
편집팀장 이윤숙
기획편집 이지희, 윤가영, 서해주
표지디자인 이지희
책임마케팅 강보현, 김성욱
펴 낸 곳 도서출판 생각나눔
출판등록 제 2018-000288호
주   소 서울 잔다리로7안길 22, 태성빌딩 3층
전   화 02-325-5100
팩   스 02-325-5101
홈페이지 www.생각나눔.kr
이 메 일 bookmain@think-book.com

- 책값은 표지 뒷면에 표기되어 있습니다.
  ISBN 979-11-7048-528-5(03510)

Copyright ⓒ 2023 by 최재희 All rights reserved.
· 이 책은 저작권법에 따라 보호받는 저작물이므로 무단전재와 복제를 금지합니다.
· 잘못된 책은 구입하신 곳에서 바꾸어 드립니다.